自在溝通

人我互動，從心出發

著———楊蓓

掌握溝通之道

　　人，打從初出娘胎開始，就註定了必須面對人際關係的命運。是幸運，也是不幸。因為，能有許多的關係人，做為自己的支援者，所以值得慶幸；因為，有許多的關係人，帶來複雜而多樣化的狀況，而窮於因應，所以做人很難。

　　人際的關係，能夠圓熟自在，而又不失做人的原則，便會受人尊敬和信賴，自己也會活得輕鬆和愉快。如何達成這樣的目標，幾乎是人人都希望知道的訣竅。

　　人與人之間的互動關係，其成敗的因素很多，綜合地說，大概不出於：一、接納他人；二、被他人接納。一般人的習性，都是希望他人接納自己，卻不先考慮他人願不願意接納自己。但是，如果雙方都是抱持這樣的心態，必然會造成衝突！如果能先放下自我的考量而理解他人，並且接納他人，便很有可能也被他人接納了。這其中的關鍵便是：若想他人接納我，必先設法接納

人。

我對於做人方法的勸勉，共分三個層次：一、自我肯定的自知之明；二、自我成長的反省改進；三、消融自我的絕對奉獻。在這三個層次的過程中，以接納他人做為貫串，以識己識人做為溝通，以放下自我做為完成自我的方法。

近年來，在坊間可以看到不少有關於心理輔導、人格成長、訓練人際互動關係、培養溝通協調能力的指導書或參考書，也出現了好多位此一領域中的專家學者，為我們的社會增加了大批優秀的管理階層的領導人才。楊蓓教授，便是這些專家中的佼佼者，她也是我們法鼓山僧團邀聘的特約講師，曾為我的僧尼弟子們上過幾個系列的輔導課，我亦偶爾列席旁聽，見她不厭其煩地解答問題，層次分明地疏導問題，經常引用實際生活中的例子，以娓娓而談的語態，來表達其論點的重心所在。以敘述一個一個小故事的方式，來說明人際互動關係的平衡點，這正是一位好老師的精彩處，如果沒有長期的用心，不可能有這種程度的火候。

現在，我讀楊蓓教授的《自在溝通》，就跟坐在教室中聽她上課一樣，覺得平易近人，而又處處指出溝通的心態、溝通的技巧、溝通原則的所在。

人間的學問，雖有隔行如隔山之說，若從人性的角

度出發，再匯集到人文的立場，彼此之間，應該是相接
相通的，所以我不僅欣賞楊蓓教授這本著作的內容，甚
至要說獲益良多。楊蓓教授，在參加了我所主持的禪修
營之後，也正式開始學佛了。可見我與她之間，是亦師
亦友，互為師友的關係。在本書出版之前，我有幸先讀
為快，謹以數語，用以為序。至於其精闢而又流暢的內
容，請諸位讀者們，用自己的智慧來閱讀吧！

聖嚴

一九九七年二月二十五日序於台北農禪寺

打下優良風格的基礎

　　當年在洪建全基金會上完楊蓓老師「領導風格與敏感度」的訓練課程後，心中感到一陣陣興奮與舒暢，興奮的是眼見有這樣一個組織，專注於提昇企業界的人文素養，吸引台灣中小企業一批批菁英往內看，追求自我的成長。舒暢的是自己能在楊蓓老師的引導下，面對自己領導風格的盲點，掉淚了，好像那淚水溶解了我心中的一些盲點。

　　同去的另一位IBM高階主管，也肯定人文素養課程在IBM推行的正確方向。IBM過去的培訓課程著重在技術、技巧的培養與理性知識的灌輸，栽培了一批身穿盔甲勇猛的戰士，有時連睡覺都忘了脫下盔甲。人文素養的課程會像一面鏡子，讓自己看到盔甲內的真我，有機會問自己：「我喜歡這個『我』嗎？」「是什麼造成這個『我』的風格？」「我想改變『我』嗎？」「我有能力改變『我』嗎？」這些問題，是在我們教育體制內與

企業培訓課程中很少碰觸到的，而當一個人在技術、技巧與知識，到達足以應付一般性事務時，這些屬於心靈的思考往往很會帶來自我突破的動力。

既已決定在IBM內部推廣此課程，主管群便是第一批要受訓的對象。主管群的服務年資較長、年紀較大、成就較高，也是較難改變的一群，但從另一角度看，他們是公司的支柱，是決策者，是帶有影響力的一群，如果他們能接受往內看的痛楚，IBM企業改造的過程中，便又增強了一股個人的定力，也拓寬了個人風格的領域。

下一步便是：邀請楊蓓老師到IBM做內部培訓，或是將IBM主管送到洪建全基金會與其他企業學員一起學習。內訓的優點是，大夥的同質性高、整齊劃一，但是缺乏多樣性所帶來的刺激。尤其是基金會的基本學員，來自台灣中小企業，囊括各行各業的經營者與中高階主管，其中有赤手空拳打天下的、有已闖出一片藍天的，有失敗的經驗、有成功的故事。但他們來到基金會上課都有一個共通性：掏空自我、聚精會神的吸收，這種珍惜每一刻學習的態度，又可以是IBM主管們在上課之餘吸取的經驗。就這樣，四年前我與基金會有一個協定，凡是楊蓓老師在基金會開的「領導風格與敏感度」的培訓課程，IBM每班包十個席位，至今，IBM已有超過半

數的主管群上過楊蓓老師的課。

　　起初，我心裡有點擔心是否能招到足夠的名額，然而這四年的經驗告訴我，每當招生電子通告一發出，必在二天內收滿名額，甚至有自願候補的人，期待一旦有人退出可立即補上。這種幾乎如趨之若鶩的報名速度，也在IBM主管培訓的所有課程中創下新紀錄。畢業學員回到工作崗位後，藉由部門大小會議中，主動做個人分享的例子屢見不鮮，這樣口耳相傳加上目睹畢業學員身上，散發出的那股前所未見的熱情，想必是造成轟動的主因。

　　與楊蓓老師的接觸日漸頻繁，從當年的學員身分到日後教育訓練者的角色，深深感受到她台上、台下的一致性。每次一堂課結束後，楊蓓老師便會針對這十位IBM主管所呈現的領導風格，做一個觀察分析，然後我再將這些分析與各學員的上司展開對談，共同研討如何增強學員自我改進，並創造一個對他自己最有利的生活環境。

　　每次與楊蓓老師的核對過程中，好像自己又上了一堂敏感度訓練課程，每次談完，就可以感受到那種熟悉的舒暢感。亞里斯多德曾說：「語言的準確性是優良風格的基礎」，楊蓓老師用辭的準確性是令我羨慕的。

　　洪建全基金會，在人文素養培訓的主導地位、楊蓓

老師將理論身體力行所散發出的能量，是令企業培訓從業人員最心動的一種組合。欣聞楊蓓老師將過去授課的經驗，將學理與實務融合並以文字呈現在讀者面前，又有幸讀到全書的初稿，此刻，我好像一邊閱讀，一邊看到自己面對心中盲點的能力更堅強了許多。

一九九七年三月二日寫於北京
（本文作者為前IBM大中華經濟圈主管培訓總顧問，
蒲公英人格發展學習空間創辦人
網址：www.dandelion.org.tw〔since1993〕）

共　舞

　　當正沉浸在西方主客觀的辯證思潮中，突然興起為
這本書寫序的興致。彷彿這篇序，是我身為一個東方
人，受到西方強勢學術衝擊時的一個反省和出路，令我
格外珍惜自己突來的興致。

　　許久以來，我們走的是西學中用的軌跡。彷彿踩著
西方的腳步，才有生存和成功的希望。可是也因為如
此，我看見了傳承的斷落和失落的自尊。

　　這本書事實上是多年來教與學的一部分心得。剛開
始的時候，它的確是踩著西方的腳步而起舞，但是經由
一個在台灣生長的中國人，和一群一群的朋友共同實踐
而累積出來的經驗，我寧可說：這是「我們的軌跡」。
但是出書之初，我沒有自信，因為我不確定這西學中
用可曾真正走出我們的新意。看著《EQ》在颺揚，心
中明白，那是新瓶裝舊酒，只是自己沒這個能耐創出
「EQ」這樣的名詞；看著《第五項修鍊》在風行，心

中也慚愧，我們老祖宗的遺產到了西方人手上，居然變得這麼具體而可行。羞愧之餘，看看自己有什麼？有的只是一步一腳印走出來的心得與經驗，沒什麼了不得，可是在洪建全基金會的催促之下，一遍又一遍地修改自己的講稿，心底有個聲音漸漸地揚起：這就是我們走過的軌跡，現在如果不去接納它，我們的未來將立基於何處？

看著自己的自我價值感，終於踏實地踩在我們的土地上時，回想起一幕幕上課的情境，不禁要對曾經給予我許多無情挑戰的朋友致上最深的感激。我相信這些挑戰，讓我一步一步地檢視東西文化上的藩籬，思想背景上的距離，生活經驗間的差異，一遍又一遍地反省與整合自己的立足點。尤其在每一次挑戰發生的當下，是「我」在面對，而不是西方的理論。常常在捏把冷汗之餘，或是挫折過後，自己心裡更踏實了，也領悟到自己的根紮得更深了。

上課中，也有些挑戰來得很溫暖。朋友們毫不吝惜地分享自己的生命故事，每每引起心靈深層的悸動，讓我一遍一遍地體察生命的韌性與挫折，真是為這生生不息的生命力感嘆不已！我何其有幸，走過這些故事。心中明白，我熱愛這宇宙中遍存的深刻。

也有些學習經驗是混沌模糊的，我不明白發生了什

麼，但就是有些事在不知不覺中醞釀。經過時間的歷
練，偶爾聽到一些後續的故事，讓我更相信，人對經驗
詮釋的重要性，而原來人是活在自己建構出來的意義當
中的；於是，我常思索，我當如何和一群一群的朋友去
共創更有意義的經驗。軌跡是永不停止的，只要實踐，
就會有軌跡。心中有個願望，如果我們可以把自己的軌
跡記錄下來，至少，心中是踏實的，價值感是穩定的，
走在後現代主義的風潮中，我們需要更穩健的步伐。

　　這本書能出現，要感謝的人太多，點點滴滴都在心
頭掠過，也不知道要如何表達才能完全，雖然無法一一
列出，但是感謝的心情卻是十分懇切的。必須要說的，
是對洪建全基金會夥伴們的心情，如果沒有他們的恩威
並用，這本書是永遠出不來的。謝謝了。

楊蓓

一九九七年二月十二日寫於田納西諾克斯維

自我探索的指南與鑰匙

　　我經常推薦人閱讀楊蓓老師的《自在溝通》，不管是在人際關係上遇到挫折的人、在管理上遇到困難的人，或是初學佛而不知該如何開啓覺照之路的人，抑或是已經開始禪修，但對自我的認識仍感覺有層大網而不知該如何拆除的人，我都會建議他們參考這本書。相信他們都能在本書中找到鑰匙、找到出口、找到工具，因爲，這些都是我走過的歷程。我曾經因此而受用，也希望大家能透過此書，展開自我探索之路；因爲唯有認識自己、接納自己，才能眞正做到接納他人、包容他人。

　　自我探索其實是禪修的基礎，聖嚴師父所講的禪修歷程，即是從認識自我開始。認識自我之後，才能進一步肯定自我、成長自我，最後也才能消融自我。往往聽學佛的人說，學佛就是要消融自我、要無我，但這個「我」究竟是誰？是一個怎樣的人？是如何形成的？有哪些優缺點？卻往往不清楚，更遑論要「消融自我」

了！所以，我也經常與人分享，在講「無我」之前，最好先認識「我是誰」。否則明明是「我」在作怪，卻總是怪罪別人是怨親債主、是逆緣，殊不知自己才是自己最大的功課。

這本書幫助許多人開啓禪修之門，因爲當中有許多觀念和聖嚴師父所指導的禪七是相應的，因此經常感覺它是進入禪堂前的一本參考書。這本書也可說是修行路上的導引手冊，因爲透過楊老師的引導，很容易從列舉的例子中，看到自己的處境、心境，往往會爲自己的問題找到答案。有一份驚喜，也有一份的悲悽，感覺人活著很苦，活在這被業力牽引的環境中，而養成我們的生存模式和行爲，難怪佛法說這娑婆世界的本質就是苦。

不過轉念一想，佛法不就在向人說明這世間的實相嗎？當清楚明白後，先接納自己的優缺點，這就是「肯定自我」；繼而跳脫這生存模式，活出一個自在的人，這就是成長自我，這不正是禪修的歷程嗎？因此，這本書看似在探討自我認識和成長，但在我看來，卻是禪修的前方便。

認識楊老師，是緣起於一九九五年，我剛進入法鼓山《人生》雜誌工作的那一年。僧團爲了讓法師們學習如何幫助信眾，特別邀請她來上了一堂輔導課程。當時我初來乍到，看到法師們上得那麼歡喜、快樂，除了感

受到農禪寺一股學習的喜悅與活潑的氛圍外，也覺得法鼓山僧團很新潮，不只上佛學課程，也學習現代心理學的團體課程。而我的主管果毅法師，偶爾也引導我們幾位採訪編輯，將這些心理輔導的觀念運用在《人生》雜誌的專題上，或是修行時自我內心的檢驗上。由於我們幾位都初學佛，對於楊老師所教的覺察、自我探索的學習，除了感到有趣、新鮮，更覺得受用，對楊老師也留下了深刻的印象。後來她出版了《自在溝通》，法師們人手一本，而我也收到一本法師轉送來的愛心。只是因為工作繁忙，沒有機會再去翻閱。

　　直到兩年後，我出家了，在適應出家生活的過程中，發現自己對於從小生長在一個多達五十個人的大家庭中的「我」，究竟是誰？竟然模模糊糊的，對自我的認知大多來自於長輩、朋友的評語。所以，經常是踩到別人的界限也搞不清楚，明明是要幫別人，但總是弄到裡外不是人的難堪……。由於種種的挫折，讓我重新拿起這本書。書中的第一個標題「人在互動中求生存」，即給我很大的震撼，接著楊老師提到：「在家中，我們學習所有人際關係互動的雛形，當我們長大之後，就帶著這個雛形到社會各個層面去。……家庭是第一個讓我們學習如何生存的場所。在人際關係之中，包含工作關係，不再只是場所的不同，而是角色、權力關係等等的

差異，其目的都一樣──尋找一個更令自己滿足的生存模式。」

因此，我重新回顧成長了三十五年的大家庭，對自己到底造成什麼影響？再透過禪修的觀照與鍊心，讓我一步步的更清楚，我為何會成為現在的我？接下來又該如何調整自我？因此在剛出家的前幾年，這本書已成為我探索自我的重要手冊。接著由於擔任主管，因為帶的是很有想法的新聞工作者、文化工作者，這本書又成為我帶人、識人的一本指南。了解對方，可說是接納對方很重要的基礎；人際間，唯有透過了解才能溝通，也才能愉快地共事。

每當有人回應我說，不易找到此書時，我總盼望有一天此書能在法鼓文化重新出版。而這一盼，就是十年。原本楊老師覺得應該再重修過內容，包括所舉的例子能更合乎現在的社會環境。但是，我告訴十分忙碌的楊老師：「放下吧！很難有這一天！但是早出版，多一個人看到，多一個人得度。」以此心情再版此書，無非希望更多人藉此找到自己，進而能在禪法中得到法益，早日解脫自在。這是我衷心的希望。

釋果賢
法鼓文化編輯總監

目次

溝通與互動

人在溝通互動中求生存，並且逐步完成自我。
如果，你可以將平日出現不平的心理狀態，
當作一種常態，並且從中覺察與學習的話，
相信我們就可以在人際關係裡，有更多的成長與創造。

人在互動中求生存

　　人際關係如同一張無盡的網，我們生於其中、長於其中，許多意義在其中建立，喜怒哀樂也在之間流轉，然而，卻因為身陷其中，我們不易耳清目明，充其量只是活在自以為是的客觀中，但縱使是人際間無止境的糾纏，或是當下覺察的神清氣爽，全是我們竭盡所能的生存之道，不論自己是否滿意，我們的初衷都是希望自己活得更好。

　　時常，有一些公司教育訓練部門的人，會來找我為他們的同仁講一些關於溝通、人際關係之類的課程，比如上對下或是下對上如何溝通等等。其實，在人際關係的互動與溝通裡面，我認為最大的學習，源自於自己的家，在家中，我們學習所有人際關係互動的雛形，當我們長大之後，就帶著這個雛形到社會各個層面去。在家庭中和父母兄長的上下關係，衍生到社會上就成為與長官、主管的關係；在家中與兄弟姊妹間的溝通型態，也會成為在社會上與人相處的基本模式，家庭是第一個讓我們學習如何生存的場所。

　　在人際關係之中，包含工作關係，不再只是場所的不同，而是角色、權力關係等等的差異，其目的都一樣——尋找一個更令自己滿足的生存模式。而滿足的根

源，對現代人而言，有一個很重要的時代意義，就是增進或開發自己的EQ。

本來，溝通就是要跟人來往、和人互動，如果我們能以別人的反應來做為自己的鏡子，而別人也因認識你而給你回饋時，必能從這樣的回饋當中了解自己。

所以，一個想了解自己愈深的人，或者希望自己可以活得更有意義的人，應該多主動去接觸更多的人，吸取更多的回應，從這些回應，就可以看出自己的特質，並且，也藉著自己的參與和別人的回應，給自己一個學習、調整的機會，讓自己在人際互動中有更多的覺察和自主，這是開發自己EQ的根本。

因此，在這樣的一個學習歷程裡，我希望大家能夠逐漸地清楚自己的要求是什麼？自己的身心狀態又是什麼？希望給自己增加些什麼？而有一些朋友，對於某些學過的課程，卻一再的參與，究竟希望得到哪些具體的收穫？而有一些人也可能是公司指派，記得以前碰到過的情形是，由於公司的指派，讓他覺得是因為他的人際關係不好、溝通有問題，所以公司才會派他來學習。其實，人際互動對每一個人在任何時候都會有些用處，它在不知不覺間會出現不同的效果、反應，是值得我們去探究的一個有趣的課題。

互動與溝通，無所不在、持續不斷

　　只要是活著的人，就脫離不了溝通與互動，而人也因藉著與人的相互往來得以生存。我們對於這樣的一個基本現象，往往覺得理所當然，就像呼吸一樣，也因此時常忘記，其實每天的生活都是在溝通與互動之中。

　　例如，胎兒是一個生命的開端，但他的溝通跟互動就已經開始了。胎兒會在母親的肚子裡接受訊息，和母親產生互動。我們常講的胎教，它的意思，並不是要看漂亮的寶寶、聽優美的音樂，它的目的是讓這個懷孕的母親，有比較良好的情緒、平衡的身心狀態，才能影響到她子宮的狀態。當她在一個愉快的、放鬆的環境，這個胎兒也能同時接收：喔！原來這個環境是很溫暖的、安全的、祥和的。於是這個孩子便有了很好的成長環境，跟母親之間也不會有防衛，他不至於在生命的開端，就想到必須要保護自己，因此自然而然就會長得比較健康。

　　可是，如果一個懷孕的母親，她的營養不良、身體狀況非常惡劣、情緒起伏很大、子宮的環境不好、情緒非常不穩定，那麼，這個小孩子在子宮裡面，接受到的是那麼不利他成長的訊息，本能就會讓他開始想到要保護自己。所以，一個孩子經常處在自我保護的情況下，

他對於環境就會產生焦慮不安而排斥。因此，我常會告訴懷孕的母親：放輕鬆一點，對自己有好處，將來孩子好帶，因爲如果生一個防衛性很強的小孩，他對環境常常感受到變動不安，倒楣的是媽媽，因爲他很容易受到外界環境波動的刺激，而呈現不穩定的狀態。所以，胎兒在他的成長環境裡，是否造成他的性格防衛心重、不信任，或者是情緒不穩定，這是一個很重要的因素。因此環境跟人的互動，常常會造成對這個人的影響，這個人就帶著這個影響，進入他下一個要進入的情境裡面，去和別人互動。

　　我再舉一個比較明顯的例子。如果有天，你被上司說了幾句，憋了一肚子的氣，雖然你離開那一個讓你生氣的情境，可是那個氣始終在你的心裡面。當這個東西待在你心裡時，它就會跟著你，這是你上一個溝通跟互動在你身上所留下來的影響，而你就帶著這個影響進入另一個團體裡面。所以，很可能別人在說任何東西時，都會引起你的聯想，又因爲你那個情緒還在，你便很容易對別人所說的東西產生一些負向的解釋。比如有人說了一些道理之後，你的反應就是：是啊！道理誰都會講呀！可是我就是沒有辦法。你並沒有眞正聽進去，因爲你被那個情緒卡在令你生氣的地方，當你進入下一個情境，你會對另一個團體感到失望，可是你的氣還是沒

有消，於是那個失望再加上去，之後你就帶著那個情緒離開團體，回到家中，看到家裡的人，對你並不是很熱情，你那個情緒就又被勾了起來。而且，反應在你的互動上，比如：你看到小孩沒做功課，你就馬上吼呀、叫啊，對他們都不滿意！所以，在這裡面，你可以連續看到三個場景：你在倒楣時的一個場景、到另一個團體時的一個場景、回到家又一個場景。

這三個場景之間，它們可能都有一些共通性，就是你都在生氣。而這三個生氣裡面，雖然出現的互動風貌不一樣，比如說，你第一個生氣是因為，上司說了你幾句，讓你非常委屈、非常生氣，但卻沒有辦法把氣發在他身上，因為他是你的上司。所以，你就把氣忍下來，將它帶到另一個團體裡面，那一個團體可能沒有機會讓你發這個氣，可是你可以在心裡偷偷地批判，然後給自己一個結論：我很失望。於是回到家以後，你碰到你的小孩，他可以被拿來出氣，所以，你的吼叫就開始了。

因此你會發現，在所有的互動和溝通裡，都是以自己為本，自己像一個訊號接受器一樣，訊號接受進來了，產生自己的情緒與看法，而如果你不會消化它，你走到哪裡，這個訊號就帶到哪裡。如果我們把這個東西放到長遠來看，就可以發現，人其實是在和人的互動溝通中，慢慢地磨塑自己的人際關係。

互動與溝通，以內為本、由內而外

這裡出現了兩個面向：一個面向是從溝通跟互動之中，建構你自己的自我概念；另外一個面向是，建立了你跟人之間互動與溝通的模式。這兩個東西，是互為表裡的。

通常我們談到溝通跟人際互動，會出現一個比較理想化的狀態是，如果我可以在溝通的技巧或者在跟人的互動當中，能有更好策略的話，就可以不去管自我的部分，溝通技巧要是夠好，就可以把環境裡面所有的事情都擺平。

有很多人在學習溝通技巧的過程，可能去看書或單純地接受一些溝通技巧的訓練。例如：去參加同理心訓練，他認為有溝通技巧的人，一定具備同理心，之後，是不是他的溝通技巧就變得比較好呢？我相信到某個程度是好的，可是他突破不了互為表裡中原本存在的那個「我」。

也就是說，這個人是什麼樣的人，那個「本」沒有變，或者說原來固定的雛形或者模式沒有太大的變化，只是從外再加了一些技巧進來。

這些朋友非常用心，想辦法要去改變，可是他的「本」沒有變，他所加進來的東西就好像是個包裝一

樣，剛開始他懂得用，可是眞到了節骨眼，比如說，脾氣來的時候，就受不了了，馬上就又回到「本」的狀態。

　　所以，我會認爲，一個溝通互動的東西，其實是由裡而外的，必須由自己能跟自己溝通的地方先開始，或者是，由自己能跟自己互動、了解的部分開始。當然這個「本」，我們前提是不要讓它有巨大的變動。而只要在裡面稍微有一點點的疏通或了解，呈現在外的溝通，就已經開始改變。

　　因此，在我自己從事心理輔導工作的歷程中，我碰過太多太多這樣的例子。目前坊間有很多很多的書籍，也有很多很多的管道，可以讓你知道，怎樣可以跟人來往得更好，可是當我面對一個又一個尋求答案的人時，我會發現，其實他們已經走了一大段很努力的路程，他們在某些技巧上已經做了相當的練習了，卻仍然沒有辦法讓自己滿意。

　　這最終的原因，是在那個「本」的地方沒有做一些調整。

　　所以，在我們的學習中，我會希望從那個「本」的地方開始，在這整個過程，可能會讓你懷疑，這個「本」跟溝通有關係嗎？我會慢慢讓你知道而且發現這是息息相關的。因爲，情緒是「我」的，想法是

「我」，抽掉「我」，這些情緒與想法就失去主張，技巧就變得空洞，所謂的EQ也就沒有著力點。

其實我認為，溝通技巧不足的人還真的不太多。每個人在他的成長過程當中，學了很多很多溝通的技巧，碰到這樣的人怎麼辦，碰到那樣的人怎麼溝通，甚至於你在成長的過程，父母親就陸陸續續告訴你很多很多；然後在學校裡面，老師教導的更多，可是卻常常卡在那個地方。所以，我想與其在門外繞圈，不如回到最基本的地方開始。

回到胎兒的話題，在胎兒生存的狀態下，他所體會到的互動對象是非常單一的，就是他的母體，這是他第一個接受訊息的環境。胎兒在接受這個環境中的種種訊息之後，又經驗到陣痛的過程，對一個生命來講，這是一個被擠壓的狀態，然而，整個生命力就在這裡面展現出來。於是他終於離開了母體，成為自己。

這裡面有一個相當象徵性的意義：人基本上是靠著自己跟別人互動來慢慢完成自己的，就像胎兒一樣，他離開產道以後，就是一個獨立的個體。我認為這個過程意味著，人如何藉由互動，面對自己，接納自己，進而完成自己的獨立人格。

生存與完成自我

有一次，一對男女朋友跟我談天。這兩個人好得不得了，可是，這個男生始終覺得這個女生太柔順，而這個女生覺得這個男生的要求太高了。這個男生非常希望他女朋友變得很獨立、很出色，他不希望他女朋友太依賴他。

時下這種男孩子愈來愈多，不要讓女人靠，最好女人可以讓他靠一下，因為女的靠男的，其實是個偏差，或者說是一個性別文化所造出來的偏差。因此這個男生就很希望這個女生可以慢慢擺脫傳統角色。

可是這個女生，在她的認知裡，她認為女生靠男生或者是依賴男生，是一件天經地義的事情，而且她從小到大都是被這樣教導，所以她不覺得哪裡錯了。但這個男生覺得雖然他很喜歡這個女孩子，可是她的依賴所造成的負荷，讓他透不過氣來。

這個男生告訴我，他小時候，媽媽對家人的控制性是很強的，就是說小孩子都要照她的安排、照她的規則行事。等到這些小孩子慢慢長大以後，這個媽媽就開始依賴她的孩子。控制和依賴是一體兩面，因為我今天控制你之後，你就會照我的規則來行事，所以我就可以依賴你，因為你的規則等於是我建立的。於是孩子長大之

後，這個媽媽就開始一方面控制，一方面依賴。然而男孩子到了十幾歲之後，就很嚮往自由，希望海闊天空。

女孩子也是一樣，可是女孩子總被教導成：妳找個男孩子依附。於是，男孩子便顯得比較有價值。因此，他們兩個人，在這個觀點上差異非常大。

很有趣的是，這個男孩子又非常喜歡這個女孩子，他不想放棄。所以他就和這個女孩子一起來找我，講著講著，這個男孩子就講出他媽媽怎樣怎樣。

我明白之後，就跟他開玩笑，我說：「現在你長大了，媽媽就好像是你的包袱了（這個男生是獨子）。」

他說：「對呀！」我說：「你現在不希望你的女朋友也變成你的包袱，對不對？」他跟我說：「老師，我沒想過這件事情。」我說：「你現在想想看，你在希望女朋友獨立的過程裡面，是不是有一部分的心情，是你不希望她像你媽媽一樣，不希望她變成你的包袱？」這個女生眼睛也睜得好大，因為她發現，她從來沒有這樣想過，她只是覺得沒什麼不好。

後來，這個男生想了一下，他也承認：「老師，好像有這麼一點！難怪她每次跟我撒嬌，我老是會想，完了！完了！她又有什麼要求了。」我說：「這東西都是你很熟悉的。」他說：「我現在想想，真的是很熟悉！」他愈想愈對。

　　談到後來，他終於慢慢明白，原來他心裡面有一個願望，是他很希望變成一個不受控制，可以自己很獨立的個體。可是他被他的媽媽控制了，以至於他一直沒有辦法獨立起來。因此，他就把這樣的一個希望，投射到這個女孩子身上去。可是這個女孩子不是照他的理想去行動的，於是這個男生就開始失望，也開始有更多指導性的東西出來。希望控制這位女孩，朝他所期待的方向努力。

　　然後我又問他：「你現在長大了，在對媽媽說話的時候，是不是說道理的部分愈來愈多了？」他說：「那當然，我現在念了大學，我懂的東西比我媽媽多，所以我就把我所看到的、學校裡面教的、報章雜誌寫的，回家講給我媽媽聽，告訴她應該要怎樣怎樣。」他也用同樣方式對待他女朋友。所以這個男孩子慢慢發現，原來在這一個過程中，他是想完成他自己的一個渴望、理想，讓他自己獨立。可是他並沒有在他自己身上發展，卻轉到和女朋友的關係裡面去。

　　再回過頭來講這個女孩子。我問她：「我猜妳大概從小父母就很希望妳當個淑女。」她說：「對呀！」她開始向我講了一堆她小時候，父母親怎麼樣對待她，比如說，她吃飯時會出聲音，她媽媽就告訴她，妳吃飯出聲音很難聽，將來會嫁不出去。嫁不出去變成她最大的

威脅。

後來她就常常在想，怎麼樣才能讓自己嫁得出去呢？所以她就從很多報章雜誌書籍裡，去揣測一個女性應該是什麼樣子的？現在的媒體有時候挺害人，她在這裡面，慢慢地揀選出一些所謂淑女的樣子。因而這女孩子看起來還真的挺秀氣，頭髮長長的、直直的、齊腰；衣服也簡簡單單，很可愛；笑容，一定是淺淺地笑。

看她的樣子就讓我想起來，有一次碰到一個朋友，她是高齡產婦，好不容易生了個女兒，非常滿足，她雖然年紀已經滿大了，成天還像個野丫頭，非常直爽的個性。她抱著女兒，就這樣「丫頭，丫頭」地叫著。我說：「妳一天到晚叫她丫頭，是不是希望她將來跟妳一樣變成一個野丫頭？」她說：「我媽到現在還叫我丫頭呢！」我說：「妳要不要做個實驗看看？」她說：「什麼實驗？」我說：「妳現在開始叫妳女兒『閨女』，妳看她將來長大，是不是像閨女？」她說：「對喔！不過這不能試，這一試就完蛋了！我就是不希望我的女兒變成閨女！」

不管是男或女，在家庭中長大的歷程裡，就一直不停地接受那個環境給的訊號，然後就開始想辦法讓自己去符合那個狀態，符合狀態至少生存不會成問題。所以這個女生她所得到的觀念都是一個淑女樣子。這種女孩

子，我本以為不多，後來卻發現還不少！其中還包括她很希望能夠找到一個合適的對象，然後學校畢了業，就可以結婚，安心做一個家庭主婦。

　　和這兩個學生談過之後，有一次，我就到我的班級裡去問，一班大概有七、八十人，而且女孩子占大多數。我就問他們，如果覺得自己胸無大志，學校畢業之後就找個長期飯票嫁了，使自己將來有個依附，願意這樣的請舉手？結果非常意外，全班幾乎有五分之一的人喜歡這樣的日子。我就很好奇地問她們，為什麼想要這樣的日子？

　　她們卻回答：「老師，這樣多安全啊！」我相信這個女孩子也是同樣的狀況。她從小即在這樣的家教中長大，所以當她看到這個男孩子時，便覺得這個男孩子其實也不錯，她希望依附這個男孩子。我問這個女生：「如果你們如願地，學校畢業了之後，男生去當兵，妳找點工作做，之後，他當完兵，也找到工作，然後你們兩個就結婚，這時候妳心裡會有什麼感受？」她說：「老師，我會覺得這一輩子就沒有什麼好奢求的了。」這好像她的人生任務便告一段落了。所以這個女生，也是在這樣一個關係裡面，想要去完成她自己。

　　這是一個非常重要的觀念。為什麼？因為人在溝通與互動時，常常都是在完成自己「內在自我」那個部

分，只是我們都不自覺。所以，那個自我的部分，是我們生存力量的來源。我要生存下去，而且我要活成什麼樣子，我就出現一股驅力，讓自己藉著這股驅力，去跟人家互動，希望去完成自己的理想狀態。

我常常喜歡舉我媽媽做為例子，她生了七個小孩，前面是六個姊妹，第七個是弟弟，多麼胸有大志，一定要生到一個男孩子才肯罷休。我印象最深刻的就是，家裡面若有人生病，她帶他們去看病的時候，如果要排隊排很久，而情況稍微急一點，我媽媽就會插隊。由於多數時候醫生是認識的，她就會跑到診療室一站，開始跟醫生講她的要求是什麼，而且通常她都會得逞。可是，她回來我都會說她：「這樣實在沒什麼公德心，人家都排隊，妳卻這樣插隊。」她就跟我說：「我都生七個孩子了，還怕什麼呢？」

等我慢慢長大之後，我常常在思索她這一句話：「我都生七個小孩了，還怕什麼呢？」這裡面她給自己一個最重要的肯定。後來有一次，我就開她的玩笑說：「妳生了七個小孩，又怎麼樣？」她說：「沒有怎麼樣啊！七個小孩從小到大碰到的事情我都碰到了。」我又問她：「當妳生七個孩子，妳是覺得心裡很得意、很有成就呢？還是覺得做了一件很偉大的事情，覺得妳這個人很有價值？」她告訴我：「都有。」她覺得很有價

值、很有成就，又覺得她做了一件很偉大的事情。之後我就跟她講：「在妳養兒育女，而且這些子女都慢慢長大之後，他們也都能完成他們的事情時，妳覺得妳完成了妳自己嗎？」她說：「對啊！所以現在我剩下最大的心願，就是還沒有嫁出去的趕快嫁，還沒有娶的趕快娶，書還沒有念完的趕快念完，這些事情如果都擺平了，我的任務就告一個段落了！」我想類似的心情，我們都很容易聽見。所以，我們也常認為，只要生存得宜，就可以完成自己，然而深沉一點地想，難道真的就是這樣嗎？

生存之道在於平衡

我們在跟人的互動當中，常常是用我們這個主體，或是用我們這個「本」，去想辦法跟人互動，再回過頭來完成自己想要的。這並不代表自私，它甚至於是人一生的任務，你生存的目的就是這個樣子。你碰到什麼樣的人，你經歷什麼樣的事物，這就是生存的過程，然後讓你活出自己來。所以，這其實是一個和環境融合，協調的過程，並且在這之中把自我提煉出來。當然，由環境的角度來看，也在環境中產生了創造的過程。

但在這樣的歷程當中，常常會面臨很大的困難。這

時我們會思考，我們的溝通為什麼會不靈光？我們的互動為什麼會不順暢？為什麼EQ竟突然變得更重要了？我們會去想，什麼地方卡住了？人在生存當中，為了要完成自己，可是也要把環境的因素擺平時，就要常常在自己跟別人之間取得平衡，平衡最好的時候，就是能擁有自己，也在能夠完成自己的同時，又能完成環境對自我的期待。當這兩者都擺平，我們就會覺得，活著是一件滿快樂的事情。

可是，往往這兩個東西擺不平，煩惱就跟著來了。有的時候，我會聽到某些朋友說：「哎呀！我最近心理不太平衡！」或是說：「哎呀，我最近覺得心情不好！」再不然就是：「哎呀，我最近覺得日子很難過！」這些都只是現象。根本的原因，就是內在世界與外在環境的平衡出了狀況。他可能是沒有把自己擺平，也可能是沒有把環境中的關係擺平，於是這兩個翹翹板就出現了不平衡。

在生活當中有很多例子是這樣子的：有一些人非常會照顧別人，為別人著想，在人群中博得美名，很容易把環境擺平，可是，時間久了之後，他自己這個部分不平衡了。為什麼？因為他很久以來沒有好好照顧自己，所以他自己的部分便開始枯竭。我們常常會發現很多做主管的會有類似的心情：他總想做個好主管，所以

就像媽媽一樣，費力氣去照顧他的部屬像照顧他的小孩一樣。可是這個照顧過程中，可能方法不對，可能對方的期待不是這樣，可能受種種的因素影響，於是這個給與取之間不太平衡，主管和部屬之間，可能就會出現問題。

比如說，做媽媽的照顧孩子，孩子非常領情，把功課念得很好，光耀門楣，做媽媽的覺得，她的付出有代價。同樣的道理，今天做主管的，把部屬都照顧得很好，然後他的部屬也都領情，而且也很賣力地工作，績效非常好，那這是給跟取之間，正好配合起來。

可是如果媽媽想給，孩子不要；主管要給，部屬卻覺得太囉唆，這個主體就會回過頭來看，我到底出了什麼樣的問題？但是會回過頭來看看自己的人畢竟是少數，大多數的人會再想一套辦法，怎麼樣再在環境裡把這個對象擺平。所以這個做媽媽的，就有更多的高招會出現，怎麼樣控制孩子；做主管的也會有更多的策略出來，怎麼樣可以讓自己跟部屬打成一片，讓今後這個給跟取之間的管道，可以取得一個協調。就在這樣的一個情況之下，通常注意力都放在擺平環境裡面。

時常，我們會考慮怎麼樣把環境給擺平，讓自己過太平日子，這是一個很弔詭的現象：我怎麼樣藉著環境來擺平我自己。環境如果平，我就平；如果環境不平，

我就不平。因此，我們會發現人的五官長得很有趣，例
如：眼睛一定往外看，耳朵一定往外聽，很少自己看自
己、聽自己的，有的人在鏡子前面搔首弄姿，他不是在
看自己，他是在看別人看到的他是什麼樣子。所以他是
以別人的眼光來看自己漂不漂亮、整不整齊，很少真正
在看自己有哪些地方不對勁。當少看自己、少聽自己的
時候，就會一直把注意力擺在環境裡面，想要擺平它。
所以今天如果長官、主管跟我不合，就會想辦法把長官
擺平。每一個人只要活著，就有很多的生存之道，而這
些生存之道都是歷練得來的。

　　你也會發現，在不平衡時，即使部屬擺的是哀兵姿
態，但是他不會讓主管好過。同樣的道理，今天主管擺
不平部屬時，他也會有很多的方法，讓部屬沒什麼好日
子過。可是當部屬沒什麼好日子過的時候，事實上，他
自己也不好過。因為當這個情境擺不平時，他其實也擺
不平他自己。人常常要在這兩者之間，想辦法讓自己取
得一個平衡。

　　於是，我們就要思考，當你把這兩者擺平時，這個
取得的平衡是一個什麼樣的狀態？

　　有的人會想辦法去適應，「適應」這件事我們如果
用「擺平」這兩個字來講，好像也已足夠，彷彿我只
要平安無事，就可以了。可是人之所以為人，不是有

「平」就夠了，他還要更好，他不單要「平」，還希望
有所長進。因此，就有所謂的「成長」、「創新」出
現，種種表現也就是在說，我們不但要平，還要好。這
是一個驅力，人在求好過程中的一個動力。

　　求好這一個心情，它會促進人跟人之間經過一個平
衡之後，又進入到另外一個不平衡的狀態。於是他又去
開創，再找下一個平衡的狀態。那個情形就很像男女朋
友，兩個人剛開始時，可能不是那種並駕齊驅的狀況，
而是逐漸走到一個旗鼓相當的地步。關係穩定了之後，
你卻會發現，這個狀態看起來是平了，可是絕對不會讓
人滿意，因為關係是變動的。

　　關係裡面很少有全然滿意的，為什麼呢？因為人天
天都在變，所以那個關係絕對不會到此為止。而且兩個
人的互動是持續的，某些時候可能男孩子跨了一步，於
是他可能就覺得女孩子的付出少了一點，就會去想各式
各樣的方法，讓女孩子也付出，使兩個人找到平衡點。

　　然後到快結婚了，女孩子總是愛漂亮，所以她想盡
辦法在婚禮上出點花樣，於是她又多努力了一點。男孩
子覺得，婚禮又不是一個人的事，老覺得新郎好像配角
一樣，頓時覺得意興闌珊。但女孩子也會想出各式各樣
的辦法讓男孩子多付出一點，再加一點，於是又得到一
個平衡。

　　人就是一直在這樣的狀態下循環，那關係也就一直不停地走。當你的生存找到一個平衡點時，絕不是到此告一個段落的。人在平衡狀態下，常常只是一個短暫的安適。如果你可以將不平的狀態也當做一種常態、一種學習的話，我相信我們就可以在關係裡面有更多的成長。也就是說，不管平與不平，它都是一個過程，然而在這個過程的每一階段中，我們永遠也脫不掉那個求生存的基本點。然後它不停地變化，人也光在這個不停變化的關係裡，一步一步地往前走，逐漸地完成自己。但什麼時候才能完成自己呢？沒有人知道，因為它永無止境。所以，學習也是永不停止的。

由面對自己的深層需求中學習

　　人在一輩子當中、在所有的關係裡面，都可以是一個學習的狀態。學習別人、學習自己。於是乎，你跟別人之間的每一個溝通、每一個互動，都可以去學。你跟人的關係是什麼？而這一個關係對你造成什麼樣的影響？為什麼在你身上會出現這樣的影響？

　　在面對自己時，我們必須給它一個比較清晰的架構。因為你要運用溝通跟互動的所有過程，來了解自己，而你要對別人有所了解，對別人的關係有所進展，

也要有一個架構。下面我就簡單提出兩個概念：

一個概念是：所有的溝通與互動裡面，人要面對自己的內在時，重點在於怎樣滿足「自己的心理需求」。因為人如果沒有辦法滿足自己的內在深層需求，他大概就活不下去了。這也是為什麼溝通跟互動，其實是人求生存的方法。因為大部分的人都在溝通與互動當中，使自己的內在深層需求得以滿足，在溝通裡，得以擺平自己的心情。但是，有一個很有趣的現象是，人對自己的內在深層需求，到底了解多少？在我的經驗裡面，人對自己的內在需求是很模糊的，甚至是不敢面對的，我們通常都只知道自己具體的想要什麼，例如：房子、銀子、車子；對於自己的內在深層需求部分，通常不會花太多腦筋去想怎麼回事？我為什麼會這樣？追求「想要的」行動背後，到底真正滿足的是什麼？我究竟要擺平自己什麼？

另一個概念是：「社會環境」中充滿了對我們的「角色期待」，重點在於我們如何在滿足自己的需求和完成環境中對我們的期待之間，取得平衡。其實大多數的時候，我們對完成角色期待是全力以赴的，因為我們在環境中學到，這些期待完成了，才有好日子過，因而花費較少的精力在滿足自己的內在深層需求。

這兩個概念，可以是相輔相成，也可以是背道而

馳，其間就有了許多的策略與模式。先談談前者。

　　在馬斯洛的「需求階層」裡，他認為人最基本的需求就是生存，這是很生物性的。所謂「生物性」的基本需求，就是讓形體、生命可以活下去。但由於我們的生活很富裕，因此對這種需求的感覺愈來愈少。

　　有一次因為家人生病，我在急診室裡待了幾天，急診室裡沒有一刻是安靜的，隨時隨地都有緊急的狀況。

　　而我在那裡待了兩天後發現，在急診室裡面，年紀愈大的人，他對醫生給他的任何待遇，就愈能夠接受。而那愈會哇哇叫的，都是較年輕的，叫得最嚴重的就是小孩。所以，我的聯想就是，人年紀愈大，對於生存這一件事，也就是活下去這一件事，他們的體會和一個年輕人是不一樣的！在接受任何的醫療待遇時，年長的人可能會認為，這是他需要的，因為他要活下去，他需要這個東西！所以面對痛楚有較大的空間。現代人在這個需要活下去的層次上，除非生重病，否則，以當前富裕的環境，大概很難讓我們想像有誰會餓死，或者哪個人會凍死。因而，馬斯洛說過，人如果要活下去，這個需求一定有先後之別。

　　從這個地方也可以看到，人在讓自己活下去的過程中，花費了多少精力；不但要活，而且要活得更好。但是，這樣努力的過程，是充滿埋怨？還是充滿感激？其

差別就在於對自己生活的歷程，是否真正的以一種學習的心態來面對。就如同喝一杯茶，味道非常苦澀，有人喝了一口馬上吐掉，而且直喊著：怎麼這麼苦，難喝死了！而有人喝了一口後，也是吐掉，但是反應卻是：幸好我試過了，否則我真不知道茶的種類中，竟然有這種味道。於是可能會產生一些不同於前者的反應。因而我們也就發現，同樣的順境逆境，有的人就活得很苦，有的人就活得很有智慧。所以，由自己的經驗中去學到內在自我，學習是很重要的關鍵。

安定與自在

多數時候，我們習慣性地以生物性行為，滿足心理的深層需求。有一位朋友買了一部好車，他非常開心地告訴我：「當我每次一個人開車的時候，我就覺得好快樂，我在車裡沒有人干擾我，沒有人打擾我。我可以完完全全的就是自己一個人。」這是一個很明顯的例子，人常常會產生很多生物性的行為，但事實上，他要滿足的並不一定是生物性的需求，他要滿足的是其他的部分。

另外，也有個朋友，單身，一直都和家人住在一起。有一天他告訴我，他買了一幢房子。我就問他：

「你還沒有結婚，買房子幹嘛？你自己一個人住啊？」
他說：「對啊！我就是想要自己一個人住！」我說：
「自己一個人住，有什麼好處？吃飯也沒地方吃，有
事情請人幫忙也請不到人。」他說：「跟家裡的人住久
了，總是牽牽連連的事情一大堆。」由此可以聽得出
來，跟我前面那個買車的朋友一樣，希望能藉著擁有自
己的空間來享有一份自由。在這樣的一個行為裡，又是
一個以生物性的行為來滿足自己心理需求的例子。

　　我想，這是現代人最常見的一種狀況。對馬斯洛來
講，他的心理需求是這三個層次：安全感、歸屬感與價
值感，然後才是自我實現。他之所以會把它變成一個階
梯式，目的就是，人首先要活下去，之後才能求自己有
安全感；有了安全感之後，他才可以要求自己有個歸屬
感、價值感，最後才是自我實現。

　　在這樣層次分明的狀態下，有的人就會想：我生物
性的需求如果全部都滿足的話，是不是才會開始有進
一步的要求？不是的，我們常常會是同步進行的。它階
層的意義常常在於：當我有了安全感之後，我的歸屬感
才會比較踏實，這是有很大差別的。需求，是大家都要
的，可是是不是真能要得到呢？成就要多少才算滿足
呢？那就得看每一個階層之間環境相較的情形如何。

　　所以，一個人希望擁有自己的空間，那是一個很重

要的安全感。因為，那一個地方屬於自己，那份安定的感覺才會出現。我們在任何關係裡的安全感也常常是這樣，一個人如果不能給你安全感的話，對他就有很多的猜疑和防衛。

例如：一個人跟你講話時，眼光閃爍，你根本不必靠意識來作用，自然而然就會開始提高警覺，對這個人所講的話也會打些折扣，甚至他的閃爍都會影響到你自己，讓你自己也開始不曉得該怎麼辦才好。人的安全感常常是免於生命受到威脅，免於讓自己的生存受到威脅，免於讓自己心理上的安全受到威脅。

從一個比較基本的概念來講，「安全感」就是一個人他能有信心地認為，他能夠擁有自己。可是，你會發現威脅實在太多了。常會看到，為什麼每個人都要買房子？因為要有一個地方屬於自己。大家也許可以發現，今天你坐在這一個位子，下一次來如果有機會挑，你還是會坐今天的位子，這就是一個人「定」的感覺，在這個地方你慢慢建立起你自己的領域，這是屬於你自己的領域。如果用磁場的觀念來看，這是你的磁場，不要別人進來。在這裡慢慢就有你安定的感覺出來，在安定裡，你會覺得自己安全。

同樣的道理，我們對於環境也是一樣，像台北市的高樓大廈，每個人都用鐵窗將自己關得緊緊的，然後在

這裡面，要怎麼樣都可以。因為你就是有了那一份安全跟自主。在這個地方，你可以完完全全地做主，離開了這個地方，恐怕就不行了。所以人為什麼那麼希望擁有自己的空間，我想這是一個非常非常基本的需求。

曾經有位太太對我說，她家裡的廚房原來毫無問題的是她的領域，當她婆婆搬來跟她一起住之後，就變得只剩下她的臥室屬於她自己的。我就問她：「妳最大的威脅來自哪裡？」她說：「我現在才知道，有人說，一個廚房容不下兩個女人。」她在廚房的主權受到威脅，因為她說這個鍋子炒完了只要洗洗就好了，可是她婆婆說，這個鍋子不單要洗，鍋底也要洗。這個干擾每一次出現她就受不了，想要離開，可是離開又沒有地方可以去，只好回臥房，回臥房以後，又覺得那個臥房好像很小，她的空間整個受到威脅。因此，所謂安全感，就是我可以相信我是安全的，我是被接受的，我在這裡面是自在的，這個感覺很重要。

在人際關係上，人們也非常要求一份安全感。一旦缺乏安全感時，自然而然防衛心就出來了。為什麼呢？我們要求生存很簡單，如果威脅到安全感時，自然而然要保護自己。人跟人之間的互動，所有的防衛，其實都有一種保護自己的功能。所以，人的關係也是需要有自我空間的，空間成為彼此間的緩衝與自主所在。

　　比如有一些人是年紀輕、學歷高的主管。他的缺乏安全感在哪裡呢？在於他的手下如果是一群資歷很深，而且年紀比較大的部屬時。可是，他不能夠表現出他的缺乏安全感，他一定要裝出一副主管派頭，因為學歷讓他占盡優勢。但他的不安全卻在於：「我要怎麼樣告訴你我是對的，我是好的，我是強的。」他希望別人認同他。同樣的道理，有一些主管正好相反。這些主管是很有經驗的，學歷不太高的、資深的。有位主管就告訴我：「你碰到這些高學歷的人，就要很謙虛，多跟他們請教，你知道這些人很不好帶！他們動不動就拿博士的帽子來壓你，他們覺得什麼都懂，可是這個工作我已經做了幾十年了，我也不是沒到過國外受訓，我懂的東西也不少。可是我要讓我的部屬有安全感，我要讓他知道他來到這個地方，是可以貢獻他的長處的。所以我這個主管，就要非常謙虛地向他請教，讓他覺得他是我的主管。」

　　事實上這是他的策略，因為他了解自己的不安全感，了解當他有高學歷部屬出現的時候，他事實上是受到挑戰的。可是，因為多年的老經驗讓他知道時間久了之後會是怎樣的情形，但他又要把部屬帶好，於是，他可以面對自己的不安全感，把姿態放低，跟這些人互動，久而久之他們的關係就建立起來了。所以我相信，

人在尋求安全感上所做的努力，其實是非常普遍的。

　　接下來討論歸屬感，歸屬感這一個部分，有的人它稱爲：愛的關係，也就是一個給與取的關係，和愛與被愛的經驗有關。因爲當人有情感交流時，他自然而然歸屬感就會出現，我是屬於你的，你是屬於我的。人不能免於這個部分，也無法免於這個部分。可是，我常常會認爲安全感比較足夠的人，在愛的關係上比較自由、比較深刻、比較能夠愛。也就是說，他在愛的學習上收穫比較多。相對的，如果安全感不夠的人，他愛的關係就比較容易起伏、搖擺。

　　一個大學時代的朋友，感情事件多得一塌糊塗，有人叫他花花公子，當然，他人長得不錯，條件也好。在學校裡，因爲我們同社團，而且我是學社會工作的，偶爾，他會與我聊天。那時候，我自己還很年輕，只能夠聽，還不太能夠懂得是怎麼回事，而且很好奇，怎麼女朋友換來換去。有時候，我會很直接的問：「你怎麼會這樣？」他說：「我也不知道，我覺得每次跟一個女孩子建立關係以後，隔一段時間就覺得不想要再繼續下去了！」這是什麼原因呢？他也說不出所以然來。

　　後來有一年，我剛從國外回來，在中部教書時，在街上碰到這位朋友，他身邊也有個女孩。他身邊常常換女孩，所以一點也不覺稀奇，我跟他打了招呼，因爲

在學校時我們滿熟的。然後告訴他，我在哪裡工作，他也告訴我他在哪裡工作，之後他告訴我，他要結婚了。這是非常驚訝的消息，因為我以為他一輩子只在換女朋友，根本不想結婚。隔不久，我收到他的一封信，他在信上告訴我，他離開學校之後，發生了一些事情。那天在街上碰到的女孩，就是他要結婚的對象，這個女孩對他來講是很有意義的。

　　由他的敘述中，我判斷這個女孩的安全感比他夠。他在當兵時碰到這個女孩，這個女孩對他的感情始終如一，可是她沒有高學歷，卻很實在，很喜歡我這個朋友，一直保持這個狀態。等他當完兵，出社會做事，他才慢慢發現，其實他一直換女朋友，裡面有一個很重要的因素就是，他常常會覺得，他的親密關係是沒有未來的，心理上就會很害怕。因為關係既然沒有未來，不如趁早了斷。事實上，這些所反應出來的是他對自己的沒有信心、安全感不夠。而這個女孩子在情感上比較有自信，對他始終如一，讓他驚訝地發現，原來有人會用這種方式來處理感情關係，於是便跟這個女孩子有比較深刻的來往，也被這個女孩子那種始終如一的深情所吸引。而且，他也試著去了解，人怎麼可能是這個樣子。他起先以為這個女孩子是愛他的外貌，是比較虛榮的。到後來，他發現這些外表在那個女孩子的眼中根本不當

一回事。他很困惑，她到底喜歡自己哪一點？後來在交往當中，他才慢慢地體會到：她就是愛他，而且無論他怎麼樣，她就是愛他，無條件的。

　　我這個朋友在信上告訴我，在這個女孩愛他的過程當中，他也學會了怎麼樣去愛一個人。這個事件，我想對我的影響很大，因為這是一個人從他生命故事裡面，慢慢走出來，讓自己明白愛的意義是什麼！而我那時也正處於求偶的年齡，也會談談戀愛什麼的，而總是會在那個時候，反覆思考：我今天對這個人到底愛不愛？是真的？還是有條件的？萬一碰到什麼事，我還愛嗎？自己總會這樣不停地問自己。那情形是男女之間經常會發生的，可是如果放到父母、子女之間，就不會問這些問題了。

　　父母對子女的愛就是：今天不管你怎麼樣，父母對子女的愛始終都在。就像故事中的女孩對我的朋友一樣：今天不管你怎麼樣，我的愛始終都在，而且在那個愛裡面，有許多接納。接納不同於容忍，接納的程度在於設定條件的空間有多大，這個空間愈大，接納的程度愈高。在學習的歷程中，其實每個人是對自己所設定的空間挑戰，測試是否能愈來愈放寬自己的條件，因為每放掉一些條件，接納的程度就增加一些。

　　這事件也讓我有很深刻的反省，我才慢慢了解，為

什麼以前在學校念書時，老師們都告訴我，愛是需要學習的。愛裡面可以放掉什麼條件，就可以讓它長出什麼空間來，這樣才更能夠深刻地去愛。所以，放掉自己設定的條件是一個學習歷程，而放掉自己所設定條件的這個歷程，也就是學習讓自己更有安全感的歷程，這樣環環相扣的學習歷程，終究孕育出我們愛的能力。

此外，在一個組織當中，都有些既定的規則，不合於規則的就會覺得被排斥，因此，組織中的關係常需要依賴非正式的歸屬感來維繫或補強，這時候，對整個組織的人而言，值得反思的是，團體士氣的維繫如果只靠非正式的歸屬感，是否空間太狹窄了？在組織中，如何開創一些集思廣益的過程，讓歸屬感的空間拉大，而不是一味地排斥異類？因此，互動的目的是學習開拓歸屬空間的過程，而不是建立專斷的控制範圍。其實這是目前流行的「學習型組織」的理想之一，藉由這樣的空間，開創出知識與智慧的累積，成為組織中永遠存在的資產。

所以不論是單純的兩人關係，或是複雜的人群互動，因為有比較大的歸屬空間，人們的心底安適，自然反映出自在與自主。當然，更重要的是，關係趨於穩定。唯有在如此自在與自主中，才能有更進一步的開創。

價值感

有人曾經問我，為什麼許多家庭主婦會喜歡掌控先生的荷包、掌控家中的財務支出？是不是把家弄好，就很有價值感了呢？

我想，對於家庭主婦，錢並不是她安全感的直接來源，因為先生的成就並不能移植為太太的成就，而真正屬於家庭主婦個人的成就感常常不太容易建立起來。所以很多的媽媽或太太，她要把先生的荷包看得緊緊的，她要把孩子的行為都管理得很好。這些地方我覺得對一個家庭主婦來說，的確是她很重要的一個安全感。

這讓我想起曾遇到一件非常特殊的例子。有一個老太太，她年紀已經七、八十歲了，生了四、五個小孩，而她年紀這麼大，她的孩子少說應該也四、五十歲了，可是，孩子們每個月的錢都放在存摺裡面，而且存摺和圖章是由老媽保管，甚至她的孩子要用錢，她的孫子要用錢，都得向她申請。這個媽媽在家裡頭一直掌權，由於能夠控制財務，相對的，也就擁有權力，那權力所代表的，其實就是一個價值感。同時也使得孩子投鼠忌器，不能把老媽得罪，不然的話，好像拿錢也不太方便。

所以，老媽在這樣的過程當中，她以為擁有了一些

被尊敬、被愛、被重視的感覺……。可是歸根究柢，她的不安全感來自於缺乏自我肯定的基礎，所以她唯一肯定的方法就是把這個家管好，特別是按照自己的規畫來管。一個家要怎麼樣才算好呢？先生有固定的收入，家境愈來愈好，孩子也都平安無事，書也念得不錯。你會發現所有可以讓她的自我顯得比較有價值的部分，都在別人身上。所以這是一個危險的情況，因為孩子如果不出色怎麼辦？先生不穩定怎麼辦？女性是不是要回過頭來責備自己的付出和質疑自己存在的價值？有些事的因果關係並非必然是直線的。

然而幾千年來，中國女性就是這樣走過來的。在她所成長的不同階段裡面，她會出現各種不同的風貌，到最後就是逐漸走向如慈禧太后那樣的狀態——垂簾聽政。這時候，她的跋扈、她的掌控，會變得理所當然，她會從年輕時代那個不安全、沒有價值的地方，逐漸殺出這麼一條生路出來，直到有一天她終於可以媳婦熬成婆。所以，錢對於家庭主婦來講，是她唯一可以掌握住的最具體的東西。

可是我也相信，現在的家庭主婦，知識水準都愈來愈高、愈來愈能夠去思考，經濟能力也逐漸增加，因而她們會慢慢去找可以安頓自己身心的途徑，逐漸的就不見得只會用掌控金錢，來做為唯一自我肯定的來源。

　　從成長歷程來看，不論性別、年齡、安全、愛和價值，常常是像連體嬰似的出現，進而充分反映在我們的人際關係中，聽起來似很無奈，但卻又無可厚非，只是過程中折騰得相當辛苦。

　　也就是說，在關係裡面，我重不重要？好像你愛我多一點，我就重要了；你愛我少一點，我就不重要了。今天主管對我說一點好話，我就重要了，如果主管罵我，我就不重要了。

　　人在活著的歷程當中，他希望自己是被人家看見的，是被人家重視的，是被人家肯定的。像有些太太們，她在家裡做得要死要活的，但是，因為做的都是稀鬆平常的家務事，因此沒什麼價值感。希望贏得的是什麼？也許只是先生跟她說一句謝謝，母親節時兒子、女兒給她一張卡片，她就覺得很欣慰了。所以我常常笑一些媽媽，包括我自己，母親節收到漂亮的卡片，就可以繼續苦一年，再等第二年的卡片。而她就是從那樣一個別人的感激和欣賞裡面，得到了那一份肯定，覺得再繼續做下去也無所謂了。

　　可是這個地方很容易混在一起，就是我們常常希望擁有那種被肯定、被欣賞、被感激跟愛的關係，但也會認為被欣賞、被肯定之後，那裡面就是一份愛，然後自己就有了安全感。所以，這兩樣需求是連在一起的。

　　也就是說，安全感愈多，愛的關係也可能愈流暢，「價值感」也愈容易穩定。否則，你的價值感好像漂在河流上面，碰到高的水位就高一下，碰到低的水位就低一下。這樣高高低低的狀況，造成整個人不安定。那個自我的狀態就處在不平的情況。這時，我們就會從外在環境裡，在與人的互動裡，去找一些外力進來，放進自己的系統裡面擺平自己。例如，控制別人來完成自己所期待的。

　　所以，這是在「我」的這個部分裡面，當這個「我」有了這些內在需求以後，我們才會進一步地想要去實現，去超越自己。所謂的「高峰經驗」就比較容易出現。因為這幾個基本需求，在那個成就自我的部分，或者是完成自我的部分，已經做了很多很多功課了。

　　當自我愈來愈清晰、愈來愈被自己所了解且接受的時候，走向「自我實現」的路子可能性就加大了。因而，自我實現可以是放在事業成就上，可以是放在整個意識的活動上，或放在你的人際關係上。其實，「我」的內在需求有所滋潤之後，心平氣和，神清氣爽就成了EQ最重要的資源。

靈性與實踐

　　接著要談的是馬斯洛在晚期作品才增加的部分——「靈性」的需求。我想把它拿出來的最重要原因是，這個需求跟我們社會的脈動有很大的關連性。馬斯洛的這個靈性需求基本上是超越宗教的。他認為人的自我愈來愈完整，且愈來愈統一，自我實現的路子也就開始邁出去了。之後，人會開始逐漸的對於宇宙間的能量，在自己的精神領域裡面去尋求和探索。人發展到一個極致時，自然而然會透過精神領域的開發，在靈性上開創使自己的精神層次得以晉陞和超越，進而有與宇宙合而為一的融合，這是一個順理成章的成長過程。

　　宗教在我們這個社會繁衍得很快，我認為宗教的繁衍之所以快，大多數時候並不是如馬斯洛所說，因為人在自我的完成與開發上有了靈性的需求，而是人的內在心理需求匱乏，所以在心理上離開了現世，離開了他生活當中現有的社會角色，另外再開創了一個宗教的空間，來滿足這些心理需求的部分。這個現象常常讓我覺得很困惑，困惑在於，當人不知道自己真正的匱乏在哪，卻一味地希望藉由宗教來超越自己的現世，而去追求靈性的時候，心理上卻是架空的。我不知道走在這條路上的人們是否真真實實地「接納」並且「放下」了心

中的內在自我，因此終能超越，或者只是一時的逃避，卻給了自己一個安定身心假相。

我們看很多傑出的心理學家，包括馬斯洛在內，還有榮格，特別是走人本學派的，他們非常要求自己走實踐的路去完成自我，所以這些理論是他們自己走出來的，而不只是一個單純的概念。當他們真的自己這樣走過來以後，在他們晚年的著作裡，就記錄了這個部分。

從他們身體力行的過程當中說明的是，人要這樣一步一步地由心理層面超越到精神層面，如果不循序漸進，從一個心理治療的角度來看，是有點危險的。因為當人把種種的社會心理需求都完全投射到靈性的部分時，人可用靈性的部分來包裝自己。在我碰到過好幾個個案裡面，就是出現類似的情況。但讓我覺得很納悶的是，這個活著的是人，人的煩惱不妥善面對，卻急著做神，而且，很多人都想要做一方宗主，所以，社會上有許多新興宗教。而事實上，這裡面所呈現的，可能仍是人類在社會心理需求上的匱乏。面對這種現象的反省與思考是，人怎樣才能活得讓自己覺得有力量而且踏實，困擾的是好好做人好像愈來愈難，做神或許比較容易些。

回過頭來看馬斯洛的需求階層時，真是很感慨。人們在溝通和互動當中的挫折必然很多，才會在這些需

求的滿足上顯得無力，於是才跳躍到靈性的部分去找滿足。那麼宗教團體在扮演它的社會責任與角色時，人們心理匱乏的部分，又提供了什麼樣的空間與品質？而人又如何覺察到自己宗教行為的背後真正滿足的是什麼？所以我覺得人可能需要回過頭來想一想，不論宗教信仰如何，怎麼在人際之間先去肯定自己是一個未完成的人，先去做好自己這個人，或是去發展自己，隨著自我的愈來愈統整，靈性的發展才會自然而然、順理成章的出現。

內在需求與關係

如此做一個介紹後，你會發現，人的很多行為，人際之間的來往，所追求的不都是這些？一個人換輛車子，要滿足的是什麼？買房子，要滿足的是什麼？有個陞遷，要獲得的是什麼？有一次我碰到一件很有趣的事情，與這個部分有關。

事件的原由是我要幫一家公司上課，於是就傳真一份綱要給那公司的主管，而他希望我能夠與他連絡討論，所以我就打電話去，結果不是那位主管接的，是他的一個部屬接的。這個部屬就開始跟我談他們公司的情況，我跟他談了之後大致獲得了一個共識。結果隔了兩

天，他的主管打電話來跟我說，希望能跟我再談談綱要的問題。於是，我發現我跟他部屬所討論的那些都不算數了。於是我就再一次地跟那位主管解釋我的看法、想法，還有我對他們公司的了解是什麼。也請他多告訴我一點他們公司的狀況。等放下電話以後，我有一個非常深刻的感受：這位主管的主觀性非常強。因為他跟我在討論時，並不是在討論，而是他希望我做什麼，只是他的語氣是商量的。對我來說，這種包裝很熟悉，因為很多主管都習慣用這種方式，表面上很民主，可是骨子裡是希望你要做到什麼。

我同時也發現那位部屬對他們公司的了解有自己的一套，可是，他的主管似乎對這一套不以為然，或是覺得不對，所以他要重新談過。談話中對於他的部屬與我曾經有過的討論，抱著否定與貶低的態度，但並不明說。我開始體會到這個主管的風格可能是什麼樣子。

我講這個個案的原因是，我們對自己的內在需求與期待，常常不一定清楚，可是當在和別人談話時，無意間就露出來了。我的猜測是，這個主管其實是自負的，期許很高的，希望自己在這個職位上是得到肯定的。所以他的部屬談的都不算數，而要以他的標準為主他才能放心，通常這時對方不被尊重的感覺會油然而生。因此我相信這個主管並不知道，他可能只是覺得他做了一件

「對」的事。

　　人要在自己的需求裡面去面對自己，去看到自己，不是一件容易的事情。可是，真的需要走這個歷程，才能夠逐漸地弄清楚，為什麼會和這個人產生這樣的互動？為什麼會和這個人在這個時候、用這樣的方式說話？那背後一定有我們的需求所在。如果能夠更掌握自己的需求所在，我相信，說話的方式，就更可以切合自己的需要，而同時又避免給對方不適感。

　　一個簡單的例子，今天如果你是一個安全感不是很夠又很期待自己是一位有價值感的主管時，你和部屬之間的談話，可能有幾種情形，但目的都一樣。它有可能是非常高姿勢的：我就是要求你一定要聽我的，而且當你聽話時我才有安全感，我才能夠掌握這個事情的每一個進度，然後我也才能夠了解到這個結果是如我所願的。同樣的，也很可能會出現的是很沒有自信、優柔寡斷。每做一件事情，就是非常搖擺不定，這樣也不好、那樣也不好。做部屬的看久了，只好不管你說什麼我都暫時不動，等你決定好了，我再決定怎麼動，不然我前面動了半天都是做白工。

　　還有一種可能性出現，就是表現得非常非常的謙和，百般的虛心求教，可是心裡有個底在，知道怎麼操弄，知道怎麼樣控制，知道怎麼樣扭扭曲曲之後，還是

會照我的話去做，這也是個不安全的表現。

　　如果一位主管或多或少能明白自己的不安全時，他採取的策略可能還是原來的，只是那裡面多了一份明白。由於多了這一份明白，很重要的是，他對於結果，還有對於這個結果是怎麼產生的，會有更多的了解。於是自己的心情就不會有太多的糾纏，也會在溝通和互動裡面，明白一切。

　　就像有時候我會告訴我女兒：「不行了，這是媽媽的底限，你到這個地方，我不可以再退讓了。」再退讓我就覺得有虧職守，我這作媽媽的就不夠盡責，我不允許我自己變成一個有虧職守的媽媽。所以，我就要讓我的女兒知道，到此為止，你不可以再跟我討價還價。事實上我很清楚是因為我自己的關係，所以我就運用我自己的權力要求，而我女兒也會很自然地反應：「好吧！我這次就聽你的，讓你高興一下。」她也會多一分了解，這分明白好在哪裡？不傷關係。

　　其實我們在溝通和互動裡面，常常企求的就是用什麼方法可以使我們的關係不受傷害，而且進步。而親子之間有愛的基礎在，主管部屬之間有基本的角色關係在，剩下來的就是如何協商彼此的需求，在這個過程中，我們學會面對自己的需求，也學會「尊重」。而和諧的人際關係中不都在強調「尊重」的重要性嗎？尊重

並不是膚淺的表面行為，而是打心坎裡表現出來的願意
面對差異。

　　所謂關係，它是逐漸開展和建立起來的，過程是：
互為基礎也互為影響的。所以人與人之間長久相處後會
發現，當別人願意坦白的看見自己時，另一方配合的狀
況會升高。即使這時候雙方有爭吵，即使意見不同，可
是都在自我的層面上互相看見，而不是在一個事情的對
錯、權力上較勁，所以我們看見的是人的差異，而不只
是看事情的對錯。這個時候，人際的差異就比較不會去
傷到關係，對關係而言，就有更進一步的協助。由這個
角度來看，認識自己的需求是非常重要的第一步。因為
有了了解，才能表達，而且才有能力把自己的內在想法
跟需求做一致性的呈現，這彼此間有絕對的關連性。

認識環境中的角色期待

　　我們在環境中生存，在環境中與人互動，而環境中
對於我們的要求，對於我們的期待，是我們所熟悉的。
因為這個社會的人太多了，要一起過活，不是件容易的
事情。所以，人跟人之間，就要藉著規則來讓關係可
以順利的運轉。因此，社會就出現各式各樣的制度、各
式各樣的結構、各式各樣的角色，而我們從小也就學習

到什麼是角色期待。事實上，無論哪一種制度或者是系統，它裡面都有角色。家庭系統是我們第一個接觸到的系統。人一生下來就是某人家的小孩，某人家的小孩就是一個角色，而且自然而然的有一個角色相對應：那就是爸爸、媽媽。因此，人大概一出生以後，就逃不掉角色。不過當逃不掉角色時，又該怎麼扮演角色才是最恰當的？在家裡，什麼樣是好小孩？什麼樣是討長輩喜歡的小孩？我相信每一個家庭裡面，你可以從正式或非正式的管道、一個眼神、一個動作裡，就能夠讀到這個家庭裡面要求的好小孩是什麼樣子。當一個小孩想要去碰一樣東西，做媽媽的往往根本不必講什麼，小孩就知道規則在哪裡。那個規則就是，這個東西不可以碰，碰了就是壞小孩。

例如，你去參加考試，爸爸媽媽說，這次考試考得不錯，送你一個獎品吧！你就知道這個行為是被鼓勵的，所以並不需要明言，因為在父母的每一個言行舉止裡面，你就知道：原來這樣子是好的；那樣子是不好的。

同樣的道理，我們在工作裡也是這樣，你的部門裡面，什麼樣的規則是被允許的。每一家公司都有獨特的氣氛，每一家公司工作氣氛的背後就充滿了規則。有的公司你一進去就像菜市場一樣，嘰嘰呱呱講個不停；有

些公司則非常安靜，每個人都非常優雅；有的公司，你會發現他們彼此之間的言談就是局限在某個層次，其他的內容都不碰；也有的公司一進去，私人事情不碰，只有公事可以碰。人跟人之間的來往，什麼樣的模式是可以被接受的？如果你是一個新進員工，觀察幾天就知道了，根本不必人家告訴你。因為任何一個角色跟角色之間的互動，那個規範的運作，常常來自別人怎麼樣回應你，於是你就學會了我這角色怎樣扮演。這個我們稱之為「角色期待」。

　　就像父母親也期待自己的孩子一樣，當孩子成績好，便給他一個禮物、獎品，那孩子就學會了，原來我這個扮孩子的角色，就是要把成績弄好。所以，現在有很多的小孩已經學會了：我只要把成績弄好，其他的事情爸爸媽媽也不會管太多。成績好，是一些家庭在規範孩子裡面最重要的一項，即使他們成群結黨，或一天到晚奇裝異服，也不會有太多人去責難他們，反而覺得他們活潑。可是如果成績不好而一樣會作怪，一天到晚想花樣，大家就會覺得：這些壞孩子，不曉得要去做什麼事情？因此，在角色裡面，規範是因人而異的，而角色期待也就跟著不同了。

　　有些期待會內化成為自己對自己的期待，心裡認為只要把每個角色都扮演好，就於願足矣。於是，凡事都

有自己的標準，當無法滿足時，內心就會充滿自責，即使別人給予讚美，也都無法紓緩。活得很辛苦，也不快樂。也有些期待是會轉嫁的，例如：父母在自己的生涯中無法完成的遺憾，就轉嫁到子女身上，表面上是對子女的期望，事實上常不顧子女的獨特性，而強行左右子女的生涯，使得雙方都在這份期待中煎熬、無奈。

然而，期待常常牽動著我們的需求。主管期待部屬聽話，可能是滿足了自己的安全感；父母期待子女聽話，可能是滿足了自己的價值感；妻子期待先生言聽計從，可能是滿足了自己的歸屬感。也因為如此，常常在表面上完成了角色期待，事實上，同時也是為了自己內在需求的滿足。

角色期待中充滿評斷

角色期待中因為有規則與規範，於是我們才有尺度去決定是否對了，是否滿足了，就像我們的腦袋中坐著一位法官，常常在我們的言行舉止之間，給我們一個評斷，藉著這些評斷，我們可以更進一步的修正自己的行為，或是知道自己是對的。當然，也藉由評斷的結果，產生我們的感覺與情緒。所以，EQ不是單獨存在的。

這位法官事實上充斥在我們環境中的評價系統，每

個人都活在這個系統內，雖然這個系統會因為人、事、物、時空的差異而不同，但是，只要符合這個評價系統，你就是好的。所以當我們做到這些規則之後，我們也會以為把自我的部分給擺平了。

我認識一個國中生，成績好得不得了，每次模擬考名次都很前面。可是所有青少年的把戲他都會，這些他不會跟老師講，也不會跟家裡面的人講，他的好學生角色是符合角色期待的。但是他在角色之外所作的事，卻是他真正的得意所在，就像是在評價系統之外，他找到一個空間，空間裡面是他可以自由運作的，只要他滿足了成人社會的規範，滿足了人家對他的期待，他就擁有自己的空間。

記得我小時候當班長，在老師面前，非常的規矩，所有班長該做的事，我都做到了。班級的競賽各方面也不差，班級的凝聚力也都有。但是常常班上帶頭搗蛋的也是我，滿足了青少年挑戰權威又愛玩的心態，但是，由於這種陽奉陰違的本領，老師會覺得我這個班長很棒，同學也會覺得我這班長很棒，可是我要滿足我自己的是什麼？事實上，表面上看起來，是一種很好玩的心情，同學之間那種互相歸屬的感覺和領導者的成就感，卻是較為深層的內在需求。

在環境中，符合內在法官的判斷，完成角色期待彷

佛是與生俱來的任務，只要活在人類社會中就沒有例外，所以，很少有人會停下來反思「為什麼」？通常是角色期待的負荷太重了，或是角色之間有衝突時，才會停下來想想，而此時，通常也是我們的內在需求面臨威脅的時候。

我相信，人在整個成長歷程中，要去完成外在環境對我們的要求，其實是非常耗費心力的。當你耗費了心力之後，自然就會想到，我為自己做了什麼？可是這樣的心情通常是邁入中年，四十歲以後，在整個人生歷程當中，衝刺了一個階段，非常努力去完成外在的評價系統，而且每一個角色，也執行得差不多了。亦即不但生兒育女，事業也有了一個穩定的狀態，剩下的變動性也都不太大了。

這時候，回過頭來看，在完成整個外在評價系統的過程當中，我到底是為誰做的？在這之前，我們沒有太多的時間和空間去想，所以大概人一生當中最忙的時候，就是二十五到四十之間，成家、立業、養兒育女，還有扶養老人家，這時是角色負荷最重的時候。外在的期待一個接著一個來，你根本沒有時間去想，你只是急著一個一個把它克服掉。因此當學校畢業以後，開始工作，進入工作角色，要怎麼樣晉陞你的工作角色，怎麼樣讓你的事業可以穩定下來。同時也考慮要娶什麼樣

的太太，嫁什麼樣的先生，要不要生小孩，生幾個小孩，是不是要買房子，或是要給自己買一部什麼樣的車子……，人就是這樣一路走過來的，毫無考慮。在不斷完成角色過程中，就是忘記問一問自己的內在需求：這到底是不是我真的要的？而在忙碌中自己並沒有強烈的感覺。等慢下來、停下來的時候，有很多人以為這些角色就是人生的所有。因此他一個角色一個角色給自己打分數。

在扮演子女的這個角色上，自認為還是滿孝順的，九十分好了。自己在當學生時，還不錯，成績很好，考試都很順利，一百分。等到開始工作了，人緣很好，工作能力也得到肯定，職位至少沒有比別人低；收入呢，跟一般人比起來也不太差，八十分。然後娶了太太，或嫁了先生，帶出去也能看。把家裡料理得也還不差，也能夠把自己養活，八十分。生了小孩以後，小孩的健康情形，也很好。學學才藝班，學費也都付得起；小孩考試成績中上，再逼一點就上等了。那麼給自己爸爸媽媽這個角色，八十分。於是這樣一路下來，工作可能還有晉陞機會，一路往上爬，爬到一個高度，這時候大概四、五十歲，孩子長大了，眼看著前面好像沒什麼明顯的目標，也不再有什麼重大的角色出現，此時他會肯定自己的努力，認為完成了自己。因為在這個過程當中，

他的努力讓他有安全感，讓他也在愛的關係中有所滿足。因為一切都滿順利！然後呢，也有很高的價值感，晉陞各方面也都還算滿意，財富也還可以。這樣的累積下來以後，自己看一看是很安慰了。

但是下一步該怎麼辦呢？再創一個高峰的想法，通常這時候就會出現，比如說，在事業上再找一個衝刺的機會，再不然就是在婚姻上，再找點刺激的機會，這時，外在評價系統已經不再那麼頑強，卻是自己的看法漸漸抬頭。因為在社會角色的期待上，大致已經完成，腦中的法官無事可做了，此刻，人們需要開始自己去找期待，特別是對自己的期待，然而，因為沒有固定的規則可循，於是，找了半天，充其量可能只是在所有角色裡面再產生一些新的看法而已。

所以在給自己的角色打分數時，最容易出現一個現象就是，以為把角色完成就是人生了，卻很少回過頭來，看看這些角色對自己生命的意義是什麼？特別是由自己的角度來看，其意義何在？而不是始終站在環境中的評價系統來看自己。

在環境中完成角色，看見自己

我常想，一個人在完成角色期待的過程中，如果說

他不是這麼平順，比較有挫折感、失落感，或者是有一點沮喪時，反而是個回過頭來看看自己怎麼回事的好時機。因為，人在挫折時，第一個反應通常是問「外在環境怎麼了？」，如果環境擺不平時他才會回過頭來看看自己「我怎麼了？」，這時反而變成一個轉機。所以人在完成各種角色之後，再回過頭來看自己，是目前我們這個社會很多中年人的經驗。

此時會發現，在前面的階段，因為外界的評價系統在，因此什麼是好、什麼是不好，非常清楚。在我們的角色扮演裡面，如何去扮演每一個角色的規範也很清楚。你的目的也很明白，於是，人際互動與溝通，好像有個規則可循，因為要完成所謂的好，所以，怎麼做是好，怎麼說是好，怎麼樣的關係互動是好，怎麼樣讓別人聽我的是好，在自己心中有一把秤在，我們的溝通跟互動都會在那個地方打轉：我要怎麼做才是對的，才是好的。

而我也發現，在二十五到三十歲之間的人，他們在角色期待的完成過程當中，所期待的學習是：你告訴我怎麼做最好，就夠了。要他跳到自我的層面來看看「我怎麼了？」可能會很困難。因為他的人生階段性任務是要不停地擺平各種角色，完成各種角色，所以他只是非常工具性的希望知道「怎麼說怎麼做就好了！」，並且

給一個立即見效的答案，而不會進一步去想：「這個我怎麼了？」

可是，如果超過三十五歲甚至四十歲以上，談到怎麼樣完成自我時，就很容易明白。因為他正好完成了大部分的人生任務，是開始進入到一個比較沒有評價系統的狀態，開始尋找自己的評價系統，重新去建立自己的目標，而且這個目標的狀況是模糊的，是需要靠自己去摸索的，如果在環境裡找不到，就會回過頭來在自己身上找。這時，人們開始正視「自己」。

從溝通跟互動的角度來看，這樣的年齡層，比較能夠將其溝通和互動的關係作一個比較統整性的理解。這個統整性的理解，對於他未來再創一個新的生涯也好，再創一個新的關係也好，可以有一個比較深刻的影響跟準備。可是，對於年紀比較輕的這一輩，還卡在那個角色裡面，任務都還沒有完成。這時，就像帶小孩去看病一樣，希望醫生給藥吃，吃了病好就可以了。

但是這並不意味著諸事順利，反而可能是處處充滿壓力和挫折，有的人在因應壓力，撫平挫折的過程中，得到反思的空間，就可能比較有機會回過頭來看看自己，覺察自己的需求，也才會有機會在關係和互動當中開始換個角度看自己。因此這也是為什麼我常常會認為人與人之間的互動，其實是一面鏡子的作用。但是人在

生活當中，認為所有的事情都是理所當然時，那面鏡子是看不清楚的。因為你看到的，就像我們的呼吸一樣，每天呼、吸，跟著我們已經很久了，覺得呼吸是個自然動作，不必去意識到它的存在！同樣的道理，人和人的互動跟溝通在理所當然的層面時，由於這就是生活，在那個情境裡，對每天人際的來往，大家都認為是這個樣子，我們和環境融為一體，轉來轉去都在裡面，因而就沒有機會跳到外面來，看看究竟發生了什麼事。

同樣地，當外在評價系統，或多或少也完成了一些，開始去尋找新的意義時，回頭檢視自己就會慢慢開始抽離出來。此刻好像是站在外面看自己，所看到的，不但是自己，也看到自己在環境中。

你可能會疑惑，為什麼不早一點來面對這些呢？其實人是有很多機會來看看自己的，但是環境中十分強大的生存壓力，為了讓自己可以比較安穩地度過，我們選擇了比較安全與現實的途徑。但是如果人能早點整體性看自己的人際系統的話，就比較容易發展出陷在情境當中的覺察（當下的體察）和抽離情境中的覺察（回頭看自己）。當鏡子的功能出現之後，可以有自己的選擇，而不是盲盲目目、糊糊塗塗的，走到四十歲時才想：「我在忙什麼？」。

不過我仍要肯定地說，環境中的這個角色期待，基

本上對我們的影響是相當大的，至少盤據了我們前半輩子。然而，任何時候的覺察與反應都不算遲，也由於角色的豐富性，當我們回過頭來看的時候，就更能肯定自己一路走來的努力與價值。

在生存中塑造自我，產生互動模式

在需求和角色期待之間，最好的狀態是「可以開創」。開創的意思，就是我們逐漸可以走上自我實現或自我創新的路。但基本上，大多數人不一定知道自己需要自我實現，也不一定認為自己有能力自我創新，可能只是取得一個平衡，就非常心滿意足了。需求與期待之間的平衡，常常是來自於一方面擺平角色、一方面又擺平自己就覺得天下太平。可是如果這兩者之間出現了衝突，不平衡就出現了。

譬如，你是一個非常本分，而且又非常喜歡按部就班的人，而你的運氣不錯，能力也很好，公司要送你出國進修，可是基本上，你是比較渴求安定的人，希望從安定當中尋找成就與滿足。但是外界的環境因為看到了你的能力，所以便不斷去凸顯這個部分，此時環境對你的期待和個人需求之間不平衡，該怎麼取捨呢？

又譬如夫妻兩個人都在同一家公司，結果太太爬得

比較快，那這個太太面臨到下一個陞遷機會時，可能就會跳到先生上面去了，此刻，她擔心先生的價值感受損，便開始遲疑，「我要不要去完成別人對我的期待呢？因為我的能力在那裡啊！做為一個工作人員，好像我應該往上爬；但做為一個太太，我會覺得擔心。」所以女性有很多害怕成功的因素是在這裡。因此，你會發現，所謂的不平衡出現時，就像個翹翹板一樣擺不平。

其實，這時候往往是個機會，在這個機會裡面，你可以重新的、再一次深入地看看自己的需求與期待，了解自己真正重視的是什麼，然後做出自己的選擇。因為在有了較為完整的了解之後，取捨之間不只是根據環境中的評價，也參考了自己對自己的看法，那個不平衡狀態下的溝通跟互動也會有所不同，因為你能夠了解，你可以篤定，進而產生自己的選擇，願意面對必須面對的一切。這樣一路走下來將會發現，人在平衡與不平衡之間，所呈現出來的差別就是溝通的過程，其中包括了自己與自己的溝通和自己與環境的溝通。

平衡時，萬事皆滿意，即使你不懂溝通跟互動都無所謂；如果這兩者之間一出現衝突，溝通這個課題就被拿出來，所以人常常是在面對情緒不平衡、事情擺不平時，才特別想要去溝通。

但為什麼我會把溝通跟互動這兩個名詞連在一起

呢？其實所有的互動都是溝通，而所有在平衡狀態的互動，都會成為你在不平衡狀態下要去溝通時最重要的基礎。並不是因為不平衡才要去溝通，而是要在平常的互動當中就已經開始去溝通，著眼點是在關係上。

前面提到，有意義的關係通常不會是短暫的，就算有一個朋友很久不見，可是兩人曾經有過一段淵源，那個關係就留下來了。當再一次見面時，你就會發現，雙方都很努力把那個關係拉到現在，看看對方會發生什麼事。人的關係其實是很能彼此互相維持的，而在這樣一個持續關係裡面，我們的互動與溝通究竟怎麼在運作？如何影響進一步的關係？或者我們，只是在見招拆招？人在面對問題時想要見招拆招，通常只是為了把問題解決就好了，比較不會去想，這個問題的根源在哪裡？如何從根本的地方去看，再從根本上去做一點點的鬆動，如果能這樣，表面上的現象就不一樣了。例如，孩子的行為出現狀況，父母只忙於糾正孩子的行為，卻不知根源在於父母關係的惡化；又例如公司的業績下降，殊不知導因於領導行為的不當。

但我們很少用這樣的方式來解決問題，所以，我常常會碰到的情形是，譬如，太太說先生有外遇，當她講這話時，意思就是要找人幫她把外遇消除掉。因為只要這個外遇消除掉就萬事如意了。可是問題是，這一次外

遇消除掉了，那下一次外遇怎麼辦？它背後一定有它一個淵源，這個太太願不願意去看看那個根源是什麼？

一個主管被他的部屬氣得要死，想盡辦法要把他的部屬調走，下次會不會再發生同樣的事情？很可能會再發生，為什麼？因為根源沒看見。

所以我要再一次問的是，在這樣持續的關係裡面，我們的溝通與互動，究竟想要完成什麼？試著為自己尋找稍微深一層的答案，才有機會跳出日常深陷的情況。在溝通與互動當中，探索自己與人互動的模式，模式中有自己的風格、自己的特質，也有自己特有的價值觀在裡面，同時在這裡面更完成了自己。這個部分其實就是要去找的那個根源，那個根源如果能夠逐漸清楚，將來面對與人的互動和溝通時，即便在現象上出了問題，只要從根源上去找，很快就能深入明白自己的處境與自己的狀態。當有所明白之後，對於那個現象的看法，也會有所改變，或許，對策也就出現了。這對自己而言，就是一個自我實現與創新的過程。

人常常是因為對自己不明白，所以就想辦法，挖東牆補西牆，可是挖了半天破洞還在，當深入明白那個洞為什麼沒有補滿，或許才能明瞭，補破洞的方法與關鍵其實在自己身上，必須由自己身上去開發EQ的泉源活水，而不是緣木求魚。所以，人得試著把鏡子擦乾淨，

讓自己看見自己，否則大概永遠不知道自己是在情境
中，還是在情境外，也不知道自己那個「我」在哪裡，
於是，溝通出現不良的症狀，或者是要與別人產生一個
比較良性的溝通，卻不知道從何著手。這兩個脈絡，一
個是「我」的部分，一個是「自己互動模式」的部分，
我們將會不停地覺察、不停地覺察。透過「覺察」，對
自我和現象才能了然，也才可以逐漸在身心安頓中走向
開創的路子。

覺察與辨識

在人際互動中，
覺察與辨識自己的「互動模式」與人我的「心理界限」，
才能逐漸體察自己最踏實的心理動力——真心誠意。

人際互動的遊戲

　　人與人之間的來往對待，其實是有許多眞心誠意
的，但迫於要在需求與期待之間取得平衡，不得不，或
者自然而然地就玩起一些把戲，因爲滿足了需求，匱乏
感才不至於太重，而完成了角色期待，才能與人相處，
兩者都是生存要件，所以這些把戲玩起來，可能不太自
覺，但是，把戲玩久了，有時候反而讓我們失去省察自
己的空間，使生命就在原地打轉而深覺無趣，或者，縱
然想跳出窠臼，卻力不從心，抓不到重點。

　　例如，有些人努力地改善自己的溝通技巧，但是仍
然覺得很無力，只好宣告這些技巧無效。在我看來，可
能不是技巧不夠，而是被自己的把戲困住了，因爲長期
以來，這些把戲並沒有被自己看到，於是陷於遊戲中，
形同盲目，這時候，的確需要回到自己身上看看自己怎
麼了。回頭看自己，是需要有意願的，否則就看不見什
麼。同時，還要帶點探險的心情，因爲不知道將會看見
什麼。

　　我想來談談人際互動中常見的遊戲，藉著這些遊戲
來看看自己，我們才會發現，眞心誠意其實未曾消失
過，因爲這些遊戲是那麼深刻地緊扣著我們內在的心理
動力。

投射

　　投射是在每個人的成長過程中，走過了一些經驗以後，在心裡面留下一些所謂的「心像」，它好比我們心中的密碼一樣，隱射著我們的內在需求。但是，我們通常並不直接表達，而是間接地反映在環境中。

　　例如，我們在座大部分都已經結婚了，還沒結婚的也都在求偶階段。今天你為什麼看上這個對象？中國人常用一句「有緣」來概括，但為什麼你看這個人不討厭，為什麼你覺得你跟他有緣？

　　我用投射來解釋這個現象。在你過去的成長經驗當中，對於某些特質、某些長相、某些行為舉止，在你的腦袋裡面留下某些印象，而這些印象都是不錯的，怎麼留下來的你並不知道，它可能是片片斷斷，就在你的腦袋裡面形成了密碼，但是你不認識它。今天你看到了一個人，這個人所呈現出來的，譬如說他的長相、行為舉止，或他的一些談話方式、一些理念、一些態度，把你腦袋裡面那個密碼喚醒了。由於你的密碼是對這些特質有好感，於是當你看到這個人時，你對他的觀感是正向的，對他就愈看愈順眼，這就是「投射」。把自己的密碼，投射到對方身上去，然後，你就開始藉著這個密碼，開始與對方互動，這就是投射，所以會對這個人有

好感。

　　因此，「情人眼裡出西施」，正說明了投射使人愈看愈順眼，接著就會把其他附加價值放到對方身上去。所以，除了會愈看愈順眼之外，也會開始把對方的行為做正向的解釋。

　　可是有趣的是，密碼絕對不是只有正向的，有時候是負向。過去的經驗使你對於某一類型、某些行為舉止、某種理念的人的判讀是負向，你討厭這樣的人，或者是害怕這樣的人，所以有些人你看著順眼，有些人看著就是不順眼，甚至不必和他有任何過節，只是透過密碼的判讀，便將自己內在需求投射到別人身上，而產生種種印象。

　　然而，有了投射之後，跟著就容易以偏概全，會順勢去解釋與之有關的事物。就像月亮的周圍不是有光暈嗎？雖然它亮的部分只有中間，可是因為月亮很亮，你便覺得周圍都亮了。所以你看一個人好，就會發現這個人不但好，而且其他的行為也都好，如果看這個人討厭，其他的行為也都討厭。

　　舉一個簡單的例子，成績很好的小孩，是符合社會的期待的，所以，這些小孩如果做一些調皮搗蛋的事情，人們會說，「哇！這個小孩真是活潑、好動。」

　　可是今天如果是一個升學率很差的學校，那裡的學

生做了同樣的行為舉止，你就會指責說：這是偏差的行為，就會開始很緊張。所以投射再加上附加的渲染，常常會使我們做出偏差的判斷。

所以如果藉著投射，我們跟人之間可能很容易就建立了溝通的基礎。可是問題是，這個人是不是真的就像你的密碼一樣呢？不一定。

舉一個男女朋友的例子，是最典型的。當你看到一位男性或是一位女性，覺得順眼的時候，你那個密碼就開始作用了。譬如，有一些男性對於女性，如果頭髮長長，及腰的，烏黑的，像瀑布一樣，那是非常有魅力的。曾經有一位學生就告訴我，他每次看到那樣子的女孩，尤其是從背後看的時候，就情不自禁引起遐思。事實上，那一頭頭髮關他什麼事，那就是他的密碼，所以他常常想到，他的女朋友一定要有這一頭長髮，他看到長頭髮就會有很多其他的聯想，譬如，那個女孩子是浪漫的、是美麗的、是很溫柔的、不食人間煙火的。

當我的學生告訴我這些事時，我實在很驚訝，事實上，我會有這樣的反應，原因是，把這樣片面的特質，投射到女孩子身上去是十分不真實的，那女孩子可能為了符合男孩子的期待，想辦法讓自己呈現得浪漫、溫柔，而壓抑自己其他的特質，可是久而久之終究會露出馬腳來，這個過程是毫不自覺的，當露出馬腳的時候，

男孩就會判讀這個女孩子的浪漫是假的，溫柔是假的，於是就開始不喜歡，或是想辦法改變她來符合自己的期望，對這女孩來講是不公平的。因為開始的時候，投射在關係上扮演了非常重要的角色。

同樣的道理，子女對父母很容易有投射，因為從小在我們的教育系統裡面，描繪了很多理想父母的畫像，當父母不如他所願的時候，他開始失望了。此後，孩子就很容易帶著這樣一個畫像，一個心理需求，投射到周圍的人身上去，而期待別人如父如母般地照顧他。

主管跟部屬也是一樣，有的人對主管會有一些期待，可是這些期待可能來自過往的經驗，於是就帶著這樣的經驗，等到新主管來的時候，滿腦子以為，所有的主管都應該是什麼樣子，如果來的主管不一樣，負向的感覺就出來了。他會開始責備，「這個主管他怎麼樣怎麼樣……」，於是，這裡面的損失在哪裡？損失在於，他永遠沒有辦法真正認識到這個新主管，因為他只是拿著他的密碼，或者是用過去經驗的框框來評斷眼前的這個人，當他這麼做的時候，不自覺地影響了關係，也失去真真實實去認識對方的機會，這是他的損失。

我們甚至常把對父母的期望投射到主管身上，因為他們都屬於權威一族的，在我們的文化中，對權威者投射自己的內在需求，特別是被重視、被肯定、被了解的

需求,是十分普遍的現象。

　　所以你也會發現,很多的夫妻關係、主管部屬的關係,或者是父母子女的關係,常常就是要經過好長好長的時間,然後花好多好多的力氣,才能去真正的認識,並且接納眼前這個人是怎樣的人。我相信坊間有很多的資訊說,如果你很討厭某人,就要學習接納他。所謂的接納是什麼?就是你要認識對方最真實的狀況,進而接受對方的真實狀況,而不是忍氣吞聲。所以,我們得先發現自己的投射,清楚投射與真實之間的差距,才可能談到接納。

　　一個人如果能夠對自己的投射了解得愈多,就愈能夠清楚的知道:這是我的投射。了解投射不需要忙著改變它,還是可以投射。像有些時候走在馬路上,看到一位男生或看到一位女性,正好與你那個投射的密碼相符合的時候,不妨真誠的欣賞一下,因為這是你的密碼,但是同時也告訴自己,這和真實之間是有差距的,以防自己深陷其中而無法自拔。

　　有位男士失戀過幾次,他的女朋友都是同一類型,但是每次一深入交往,他就開始失望。

　　在他這樣的一個經驗當中,他問自己,喜歡的是什麼?喜歡的可能只是自己腦袋裡的密碼而已。這個發現讓他非常懊惱:「怎麼會這樣子呢?」漸漸地,他比較

能接納，好像自己真的只是喜歡自己腦袋裡面的密碼，並不是真實的這個人。他現在仍然在和同一類型的女性約會，只是心裡比較清楚了，也就會想了解，這個女性的真實狀態是什麼。由真實中發展出來的關係，才是踏實的。

　　所以，在發現自己的投射時，不一定需要改變也不一定能立即改變，重要的是提醒自己，對方真實的狀態是什麼？這個部分非常重要。曾經有一個朋友告訴我，她非常討厭那種看起來非常精明能幹的女孩子，起先我以為她跟這類女孩子之間有一些競爭，可是後來我在聽她談自己的故事時，我才發現，原來過去在她的朋友當中，有過類似像這樣非常精明、非常能幹的女性，她曾被她們出賣過，於是至少在她自己主觀的感受上，就會自然而然帶著這樣的心像，進入其他的人際關係裡面。

　　因此，只要遇到與讓她過去受過傷的那個女性長得有點類似的人，她便開始防備起來。好在她的運氣還不錯，她的主管就是她講的那種看起來非常精明幹練的人，但卻是位很開朗的主管，起先她倆關係不好，因為毫無來由的防備與偏見，造成兩人的隔閡。後來她試著去看對方不一樣的部分，去多了解一點，由於她成長在一個比較開朗的家庭中，家人之間沒有太多防衛，因此這個部分對她來講是一個正向的密碼。所以在同一個人

身上出現的密碼，可能正向的，也可能是負向的。

　　當觀察與了解愈多的時候，她慢慢可以明白原來這個不舒服的影響是以前經驗帶來的，而那個正向是由家庭來的，這時，她就比較能夠跟她的主管相處。這一層了解讓她可以逐漸地意識自己與對方關係的影響因素，一方面不必刻意改變她的投射，可是另外一方面她可以有較多的空間去認識到這個主管真實的狀態，於是關係就改善了。

　　然而，投射的發生常常是不自覺的，一瞬間就發生了，尤其若再加上渲染，真實就始終在迷霧中，甚或一些珍貴的關係就走進死胡同。所以深入地觀察和了解，特別是了解自己的投射來自何處，進而比較客觀地站在對方的立場上來體會和思考，如此才能降低投射對人際關係的影響。

　　所以，了解自己的投射，我倒覺得它真的是一個有趣的探索過程，你會發現自己有千百種的投射：對人的投射、對環境的投射，甚至對天氣的投射，有些人甚至找不到原因，他就是莫名其妙的，可是那個地方永遠值得慢慢去尋覓，去發現。

控制

　　人都希望環境中的種種變化，是朝著自己期待的方向去改變，因為唯有這樣，我們的需求才能滿足，於是我們就要在環境中想辦法「運作」，讓人事不要「脫軌」，如果控制得宜，需求和期待之間的平衡，就比較容易完成。

　　「控制」在我們的行為裡面其實經常會出現。還記得我開始了解自己的控制時，第一個發現就是，像我這麼願意開放、這麼願意尊重別人的人，居然這麼有控制欲，起先不大能接受，可是後來發現，這個控制欲裡面有它深刻的意義在，可以說，它是一種生存的方式，是我不願意放掉的，所以沒辦法改變，那就只好由著自己去控制吧！當我開始接受自己的控制欲以後，我就發現，我可以放掉的更多了。這是一個很有趣的現象。所以，就像投射一樣，在這個控制當中，如果用一種發現的心情去面對，它其實可以給自己帶來一些放鬆和更寬廣的空間。

　　我們常會面臨一些狀況，是自己沒有辦法獨立完成的，於是就要想辦法讓別人照著我們的意思去做，不管用什麼方法，總之讓這件事情，達到如我們所願或達到自己所認為的「對」或「好」，我們才能安心。而最大

的控制莫過於父母對小孩，因爲做父母的，對小孩就是有那一份不放心。說是關心，其實就是不放心，其實也是對子女的責任感，但換一個角度來看，有時候是父母爲了讓自己安心，就會想辦法控制孩子。如果孩子能夠照自己所說的，什麼時候睡覺，什麼時候起床，什麼時候穿什麼衣服，吃什麼東西，至少他不會生病，少點麻煩自己就寬心了，所以就會想辦法控制小孩的起居。如果再要求高一點，小孩功課不錯，這個做父母的就更安心了。

可是對小孩而言，成績好與壞並不那麼重要，他們反而在乎的是大人對他們的看法，這關係到他們的生活待遇。只是大人很擔心小孩的將來，於是就要逼著他做功課，又要買參考書、補習、學才藝，可是他們並不眞正介意這些事情。

再如，你和你的太太或先生，一天當中有很多時間不會在一起，那他（她）在做什麼呢？爲了讓這份關係能夠安穩，於是你希望了解。當你一旦了解，如果你那個不安全感被勾起來的時候，「控制」馬上就出現了。所以，各種人際關係中，控制是一個很重要的現象。

接著我們再來談一些比較明顯的控制行爲。譬如主管交代一件事情，在什麼期限內需要完成，如果沒有完成的話，會遭到主管的責備。這個時候，爲了要如期完

成對上面有交代，只好去控制他部屬的行為，以便如期完成。部屬對主管也是一樣有他的控制行為，有些部屬對主管會撒嬌、諂媚、責備、沉默，以取得權力不平衡的補償，各種操弄的行為太多了。

聽到了「操弄」兩個字是讓人不太舒服的，可是事實上，人就在這裡面求生存。這樣的生活方法，也不是現在才有的，是從小到大的過程當中，一點一滴學來的。所以，控制也好，操弄也好，都是能力。

我常常會開媽媽們的玩笑，多數的媽媽是控制高手。她們的控制就是，要讓每一個子女，都照她們的話去做。她們得到的是什麼？就是一份安心。剛剛我講這是個能力，可是你從另外一個角度看，也未嘗不是人的辛苦。為什麼人需要玩這麼多遊戲之後才覺得能安心呢？而不是可以輕輕鬆鬆的，或者是，很安然自在的，就可以讓自己安心呢？

在學校裡面，早期我跟學生相處，學生是用很乖順的方式來討好老師，因為那時候一個乖順的孩子，基本上是符合老師對他的角色期待的，所以會獲得一個肯定。可是到了今天，不太一樣了，當然乖順的小孩還是很多，可是有些學生非常有自己的主張。而做老師的權威受到了挑戰，所以也會發現很多老師覺得自己沒有價值。當師道受到挑戰的時候，權威受到挑戰的不安就出

來了，此時防衛的手段就很容易出現，也就是說，老師
的控制需要再更加一層才行，但這樣反而會形成不同角
色之間更深的鴻溝，距離愈來愈遠，會使得老師要了解
學生的情況，也變得愈來愈困難。

　　同樣的道理，主管要了解部屬很困難，父母要了解
子女也很困難，一旦無法控制時，如果有比較多的空間
去迴避的話，甚至可以掉頭就走，問題是我們往往會被
卡在角色上，給雙方帶來難堪。

　　我就曾看到我的小女兒跟我先生之間互動的情形。
我那小女兒是一個非常非常愛作怪的小孩，撒嬌啊、鬼
臉啊一大堆，可是我發現我先生很愛看，愛她這樣子裝
模作樣，他覺得津津有味，雖然他嘴巴裡這麼說：不必
有這麼多不必要的動作。可是，當我女兒做這樣動作的
時候，他的眼睛總是盯著的，沒有一刻離開過。他常常
會跟小女兒說，裝模作樣的女孩子最討厭了！可是他嘴
巴講，我女兒根本沒聽進去，為什麼？因為他眼睛一直
看著她，這是一個很大的鼓勵啊！

　　所以我就跟我先生講，你講這些根本沒有用，因為
她裝模作樣有觀眾啊，有觀眾她就覺得她的裝模作樣
有價值，所以，只要我那個小女兒想要對我先生提出什
麼要求的時候，那真是予取予求，這就是一個最好的控
制。有時候我就笑我先生，我說你被你女兒吃定了，可

是我相信做父母的被吃定了也心甘情願，那是一個愉快的控制。

可是有時候控制，是讓人不舒服的，像有一些父母對子女的控制是：我一定要你怎麼樣，如果不這樣的話，孩子就會受到威脅，心裡面的需求受到挑戰，當歸屬感受到威脅時，挫折和不安就出來了。因此常會發現孩子不是為自己念書的，而是為父母念的，因為一旦書念得好，可以贏取父母的歸屬感，而父母也為自己的控制成果而感到價值感。所以我們常會看到一些人，一輩子在控制和被控制的糾纏當中相安無事，因為各取所需。

不管是控制或被控制，只要是心甘情願的，通常就不會有任何問題。可是要怎麼知道自己是心甘情願呢？最重要的得要知道自己是在控制，還是被控制。像我媽媽這麼控制，可是後來我發現掙扎沒有多大意義，所以當她的控制出現時，我要先想清楚，我要不要被她控制，如果要，我是為了什麼？不要，又為了什麼？我可以給自己一個比較安心的答案。

因為控制和被控制，表面上是角色行為之間的應對，但是卻緊緊地把握住我們的內在需求與關係的發展，只有了解了之後，才能夠重新作思考跟選擇。

一個小孩很天真地告訴他父親：「你做大人很神

氣，是吧！」那位父親問：「你為什麼會這麼認為？」小孩答說：「因為你們大人可以打小孩呀！」這位父親啞然失笑。小孩的話十分傳神，父親可以想想，是為了期待自己做個稱職的父親而責備小孩？還是小孩的錯誤需要糾正？甚或是小孩的錯誤讓自己做為父親的角色遭到挫折，而去責罰小孩？有了這一番省思，父親可以非常自主地去選擇要用何種方式面對孩子的錯誤。

　　由於我們經由省思、了解之後，會更心平氣和地知道，自己的底線是在哪裡，於是就可以清楚的、堅定的、明白的讓對方知道：因為我們在意這份關係，我們也在意自己的那份需求，所以願意去協商彼此願意共同遵守的規則，如果長久以來我們都是用這樣方式去溝通的話，控制的出現，反而是去反省如何增進關係的線索。這時候，我們就有機會觸摸到自己在關係中的真心誠意，並且更能選擇用什麼方法才能使這份關係更深刻。

　　如果開始慢慢在生活裡，學著去看自己的投射和控制，你會覺得很有趣，有趣的地方在於發現自己竟然是一個遊戲高手，而你也會發現別人也在玩，只要你願意，允許你自己，然後開放你自己，去找、去看，就會發現這些遊戲多得不得了。但如果對於自己含有太多批判的話，大概就比較不易找到，因為你根本就不允許自

己是可以投射的，是可以控制的。

自我評斷與自我打擊

　　我想人的自我批判，有時是有建設性的，但有時是具有殺傷力的，因爲在我們的需求和期待這兩者之間求得平衡時，由於外在評價系統是這麼強固，於是，今天只要不符合外在評價系統，你就會開始評斷自己：「我不夠好」，其中固然會產生一些督促自己進步的動力，但是如果從此就把自己的種種，放在評價系統比較的結果，告訴自己：「我很差勁」，殺傷力就產生了。也許有人會說，把標準放低一點嘛！可是問題是，你就是放不下來。因爲從小我們習慣由別人來評價我們，今天別人評價我們好，我們就覺得自己好，今天外人評價我們不好，我們就覺得自己不好，這變成一種習慣了。

　　事實上，人在小時候，是需要依賴所謂的社會化過程。在這社會化的過程中，環境會模塑一個人，形成這個社會可以接受的樣子。可是如果他想形成可以被接受的樣子，就要不停地調整自己去附和外界環境對他的期待，人也由環境中學會了這個社會崇尚的是什麼，在不知不覺當中，一直靠外在評價系統來評斷自己。可是如果那個外界評價系統過於高大的話，他就會發現自己

好渺小，而當他「決定」自己是渺小時，便開始打擊自己。

　　因此，常會發現，如果你一直活在那外界評價系統的話，日子是很難過的！如這個社會崇尚世俗的成功，也就是功名利祿，於是就開始比較別人開的是賓士，我開的是喜美；別人的月入多少，我月入多少；想著想著就要嘆一口氣！然後，別人有房子，他那房子是四、五十坪的，我的房子才三十坪，愈比愈覺得氣餒，於是在心裡面就開始出現兩種聲音：一種是不服氣的，認為別人運氣好，公關做得好，所以爬陞得快；另一種聲音就是自我打擊，常常這部分聲音，我們並不會讓它出來見人，而是偷偷地啃蝕著自己的信心，一點一滴地自責著自己的無能與無力。

　　有人會比，可是不見得會貶低自己；有的人卻是比完了以後，立即打擊自己，不給自己太多的空間，其殺傷力就在此處。一旦打擊自己的時候，就會發現，外在評價系統就更巨大，而自我的內在世界就更縮小，然後他跟外界環境的距離就愈遠，在這樣的一個互動狀態下，就會形成一個循環，讓自己想盡辦法去完成那個巨大的評價系統。在不停地想要克服、不停地想要超越別人的過程中，往往跳不開外在評價系統的比較性，給自己帶來自我打擊的壓力，也造成自己跟外界互動之間，

愈來愈不平衡。不平衡的原因，是因為自己不夠好。

有的人希望自己更好，當他要更好的時候，他就出現一個強勢的作為，所以匱乏是內在的，強勢是外在的。而有的人是認為自己不夠好，但也沒有辦法，於是就變成一個弱者，凡事依賴，沒有主見。也有人覺得讓自己做一個強者他不願意，做一個弱者也不願意，那就讓自己沒有感覺。當人把感覺壓抑下來時，評價系統的影響，就不再那麼強烈地衝擊他。所以，人如果沒有感覺，日子會比較好過。

有一年，一個學生告訴我：「我上妳的課，有一個最大的心得，就是我會思考我要做柏拉圖還是要做豬。」做柏拉圖是什麼呢？就是常常去想我到底是怎麼一回事；做豬的話，就是什麼都不要想。反正想了也沒用，每天就是過日子就好了。他雖然跟外界比，可是當他的內在評斷出來時，他就把感覺切斷了，讓自己處於一個茫然的狀態。這些狀態都會形成不同的人際互動模式或溝通型態。由此可見，人與人之間，真是由內而外的。

很值得注意的，在外在評價系統長期的影響下，人會無意識，而且非常自動地讓種種評斷很自然地深植於腦根，就像前面所提到的，常駐在我們心中的一位法官十分盡責地管理我們的思維，評斷我們的種種。當我們

長大以後，有了自己的主見和想法，這位法官就成為是我們「允許」他常駐的，甚至分不清自己與法官，允許它評斷。就像你穿扮得很漂亮，興高采烈去參加舞會，結果一到會場，你「評斷」、「決定」每個人都穿得比你漂亮，你本來很想要一展身手，結果由於你的允許，法官的批判出來了：今天你最醜。想想看，為什麼不駕馭法官，讓法官做出的判決是：雖然你不是最漂亮的，但是有自己的特色。甚至更進一步讓法官休息一下，把注意力放在如何讓自己跳得開心。

　　人的自我批判其實是其來有自，可是等到我們長大了以後，是不是還要完全依賴這樣一個巨大而且強固的外界評價系統來過活呢？也就是你允許心中的法官評斷到什麼程度？還是你要收回部分主權，讓自己來掌管自己？該給自己多少空間去看看自己的自在是什麼？這一部分是滿值得思考的。尤其一個人的成長是愈來愈獨立自主時，那個所謂的獨立自主指的是什麼？如果那個獨立自主有很多批判在裡面，就會發現表面上長大了，而內在始終長不大。彷彿心中有個永遠長不大的小孩，始終等著法官來批判他，可是他最渴望的卻是法官永遠無法給予的。所以人在面對外在環境時，由於自我打擊的影響，導致在人我之間出現許多困境。

神經質的需求

　　如果在成長的過程當中，某一個部分的需求特別匱乏，就常會在往後的人際互動上面，像個無底洞一樣，不停地玩遊戲，來補充那個洞，可是怎麼補，都不見這個洞有點充實的樣子，有時候這樣周而復始的習性，就形成強迫性的思考或行為。

　　舉個很簡單的例子，甲告訴乙：「我愛妳。」乙就告訴甲：「我從來不知道你是怎麼愛我的。」甲就告訴她說：「我是用什麼樣什麼樣的方式來愛妳的，難道妳沒有感覺嗎？」乙說：「好像是有點啦，可是不夠啊！」甲說：「既然不夠，我就再多愛妳一點。」然後再問問乙：「妳感覺到了嗎？」乙說：「我是有看到你很努力在愛啊，可是我好像沒有收到。」甲就說：「怎麼會這樣子？」就再多愛一點，再多愛一點，結果乙還是不滿足，然後甲可能用一輩子去填補乙，乙卻可能一輩子都沒有被滿足，最後，弄得雙方都很挫折。因為乙忙於挑剔甲，卻不能體會甲的用心，更遑論去愛甲，所以心裡是不滿足的、不快樂的，甲更是孤單沮喪。

　　人大概或多或少在某些地方，有那麼一些部分，是這樣神經質的。於是在人我之間就出現種種耐人尋味的互動。有時候，這些部分看起來很像一個人的性格，也

就不去深究，所以比較難覺察，除非，他已經形成一個很明顯的行為模式，才比較容易看得見。

　　舉一個例子來講，有些主管對自己的權威很沒有安全感，可是這個部分不能讓人知道。然而，那個權威的安全來自哪裡呢？來自於別人告訴他，你做了多少了不起的事，你是個如何出色的主管，這個部屬了解主管有這樣的需求，於是就想盡各式各樣的辦法滿足這個主管，讓主管覺得自己很重要，因此他可以是諂媚的、奉承的、讚美的。可是你發現那個主管，都只是暫時的滿足而已，隔了一段時間，他那個權威的不安全感又冒出來了，部屬又要想盡辦法去餵飽他，短暫時間沒問題了，隔了一段時間又冒出來。這個部屬總是忙著做好一個狗腿的角色，對主管而言，這是一個神經質的需求，他在權威上特別沒有安全感。

　　在夫妻的關係，其實也有類似的情況。有一些先生，娶了很出色的老婆，我相信很多先生或多或少會有這個念頭：想娶出色的老婆，帶出去好看，可是，如果這個老婆太出色了，又怕罩不住。如果這是一個不安全感的話，我想這個不安全感很多人身上或多或少會有。可是有一些先生，他的那個不安全感非常強烈，他雖然娶到了一個出色的太太，可是他會去控制這個太太，要掌握太太的所有——太太的信件、太太的電話、太太在

什麼時間跟什麼人說話，他都要非常非常的清楚，而且要一一的調查求證，太太會受不了，她好像一個犯人似的被關著。這個先生藉由控制的過程中來滿足自己的不安全感，而形成了許多強迫性的行為，這種情形源自於先生自己本身的神經質需求。

有一回，我遇見一個太太，她非常期待她的小孩能夠有成就，她的孩子才念幼稚園，媽媽就帶著他早上上幼稚園，下午參加各式各樣的才藝班。這位媽媽是個全職的家庭主婦，她就這樣陪進陪出的，每當孩子一進才藝班教室，就拿起念珠來念經，念經本來是為了讓人安靜，可是我看這個媽媽念經念得很緊張，我不明白這個媽媽怎麼念經都可以念得這麼緊張！

後來，我們認識了。她給我一個很深刻的印象，就是她不希望孩子輸在起跑點上，所以她給她的孩子做了很多而且緊湊的安排。有一次我就問她：「妳這樣子不累啊？」她說：「我也沒有辦法！」我說：「那妳兒子不累嗎？」「我兒子啊？他應該不會吧！」她從來沒有想過她兒子的狀況。談到一半的時候，小孩下課休息，這位媽媽急急忙忙給他擦汗啊、喝水呀，侍候得非常好。這個時候我看她兒子的神情，好像不太耐煩。有一次我就問了她兒子，我說：「我聽說你很棒喔！你一個禮拜要上這麼多才藝班！我女兒一個禮拜才上一次才

藝班而已，而我已經煩得不得了，你媽媽真是厲害！」他說：「那有什麼辦法，我媽媽叫我上的。」他媽媽就趕快插嘴進來：「我還不是為你好啊……。」講了一大串。

　　幾週之後，這位媽媽還是一樣。只要我不跟她講話，她就念經。有一次，這媽媽念經念著念著，突然問我一句話：「妳會不會覺得日子過得很緊張啊？」我說：「我不緊張，但妳很緊張！我每次看著妳念經，我就開始緊張。」後來她就講：「我告訴妳，我最近覺得生活過得好緊張啊！」我說：「妳緊張什麼啊？」她說：「我也不知道！我念經念了那麼多遍，好像也沒比較心安！」我說：「那妳到底求什麼？怎麼樣才能讓妳心安呢？」

　　這時候因為比較熟了，講話比較深入。她說：「我也不知道！」後來她才漸漸地跟我談比較多的事情。她的家庭環境非常好，先生的收入非常的高，她是全職的家庭主婦，就生了這麼一個寶貝兒子，全家人都把期望放在這個兒子身上。可是她先生認為小孩子隨便養，隨便長大就可以了，而這個媽媽的觀點正好相反，她認為小孩子從小就要很精緻地雕琢，才會成器。這是她跟她先生之間的一個爭執。可是她告訴我，她每次都在抵抗她先生，因為她先生只要每次一侵入她兒子的生活世

界，她就開始不安了，因為她先生有時候會告訴她兒子說：「好了啦！不要再彈琴了，我們來打電動！」這位媽媽就跳起來，非常緊張地說：「怎麼可以打電動？」她和她先生之間常有些不同觀點的爭執。

最重要的是，她先生只要一介入她們母子關係時，她就非常地不安。後來我逐漸了解，她的母親是寡母，在很辛苦的情況下把她帶大。為了在有限的資源下，可以讓孩子長大，於是她也很自愛，而她母親更是把她掌控得很好，所以在她成長的過程中，自然而然地學習到她媽媽的方式，怎麼樣來掌握孩子。當她自己本身有了碩士學位之後，就結婚了，而且接著就懷孕生子。

所以她不但和媽媽相依為命，而且要努力完成媽媽的期望。甚至她把媽媽的方式和行為，不是有意的，就自然而然地用在自己的兒子身上，也因而她很怕先生的介入，會破壞了她的計畫。因為在她成長的家庭裡面，她媽媽是可以百分之百掌握她的，她們從來不習慣在母女關係裡面，還有第三者的介入。因為有第三者的介入，會擾亂她們的生存方式，並且威脅她們辛辛苦苦找到的平衡方式。

所以我相信，她先生的觀點跟她就算是一樣，她都會緊張，因為她從來就不習慣三人關係，她習慣的是二人關係，而且是上下關係，當她認為她為兒子設定的計

畫可以掌控時，她才安心，但是她的兒子不是她，更何況她身邊還有位和她成長背景很不一樣的先生。於是，她內在安全的需求時時面臨挑戰，內在的不安造成她表面行為的焦慮不安，也造成她和兒子、先生之間關係的緊張。

其實，中國女性由於傳統「男尊女卑」和「母以子貴」兩套價值觀的交互作用，形成了非得生個兒子才行的觀念，並且和兒子之間形成一種十分曖昧而糾纏的結盟關係。這樣的結盟關係中，掌控了兒子，做媽媽的就可以抬頭挺胸，她的生存價值受到肯定，於是做媽媽就要發展出一套融合了愛、呵護縱容和控制的互動方式來穩固母子關係，這其中，有傳統女生需要「被看到」、「被重視」和「被愛」的強烈需求在內，當這樣強烈的需求受到威脅時，例如兒子結婚，如同有第三者介入一般，婆媳不合的現象就很容易發生，表面看起來是人與人之間互動的不平衡，再看深一點是婆媳之間的權力爭奪，再往深處看，則是內在那份神經質的需求在作祟。

神經質的需求希望藉著控制或操弄來完成心理的滿足，但是由於關鍵在自己身上，而且外在環境中人、事的變動，並不是自己真的可以完全控制的，於是挫折的機率很大。但是控制常會伴隨著很多的關懷與愛，在挫折之餘，傷心、抱怨跟著而來，認為自己的付出不被重

視，這種自己是受害者的心態與反應，很容易引起對方的自責，於是對方再一次的接受控制，直到下一次的失衡，這個遊戲就可以這樣周而復始的玩下去。

自以為是

「自以為是」代表的其實是一種發展的狀態，這個現象在台灣目前的社會，或者是高度開發的社會裡愈來愈多，它也是我們對新新人類的看法。這個現象，是來自於一個較寬裕的社會，做父母的雖然忙碌，可是他們有比較好的經濟條件，在養育自己子女時，給了他們較好的物質生活，對孩子幾乎是有求必應，甚至於不必求就有了。孩子在成長的過程當中，好像被當成是父母所豢養的寵物，天天餵他養他，讓他滿意，卻沒有被當成一個真正獨立的人來看待。

本來，在小的時候，這是一個正常的依賴和生存現象，但是，由於養而不教，始終沒有辦法發展出成熟和獨立，由於缺乏從心底深處如同一個人似的被真正了解過，或者是真真實實地被認識過、被接納過，所以，雖然擁有別人的給予，但是一方面把給予視之為理所當然，另一方面只擁有一份藏得很深的孤寂和不安。

事實上，人在小時候，接受這樣的經驗似乎是恰當

的。可是如果他長大之後，進入群體生活，卻仍然維持這樣的一個狀況的話，他會帶著這樣的經驗，進入到他的人際關係裡面，而以為環境中的人都得像他的父母一樣地對待他。所有的事情，不必求，別人就該給他，別人該注意他，知道他的需要。而且那是不必他開口，就該送上門來的。於是所有的事情都會變得很乏味，因為他根本不需要努力，可是卻又不太知道自己匱乏的是什麼！問題是有人能這樣長大嗎？不太可能。在家裡，尤其現在家庭的子女數都很少，即使父母資源足夠，那也是在家裡而已。進入學校以後，就會面臨資源分配的問題，老師沒有那麼多注意力給每一個學生，之後，他就開始責備他周圍的人，開始告訴大家說，我之所以過得不好，都是你們害的。

這樣一個狀態的人，他的人際關係會顯得依賴、不負責任、缺乏自發性。因為有的時候他把責任放在心裡面，表面看起來是無所謂，可是他對人沒有耐心，也沒有好奇，對人沒有尊重，更不用談接納，他的世界只有他自己，跟人的關係永遠沒有辦法親密。因為他只要一進入親密的部分，衝突就發生了。對方如果沒有給他足夠的注意力，他就轉身離開。這樣的人際關係裡面，自以為是的人會容易依附支配性強的人，藉著他們的支配和控制，來減緩自己的不安全感。當然，這種依附是會

獲得注意力的，他的生活型態就是，他常常希望去找到一個沒有人的地方，他以為那樣的話，他可以擁有絕對的自由和休息。問題是，他絕對不會找到這樣的地方，因為他真正的不自由是在他的心裡，也就是非常的自我中心，根本沒有別人的存在。這樣一個狀態，在溝通跟互動方面，常會出現的是指責和操弄。指責之外，就是自怨自艾，覺得自己怎麼會那麼倒楣。所以，自以為是的人一直希望被命名，就是他要別人給他一個重要的位置，讓他永遠是被看到、被注意到的，卻又是不太需要負責任的，這也是一種神經質的需求。

自以為是的人，在人我之間界線模糊、沒有分寸，可能他很膨脹自己，也可能用他自己的主觀經驗來評斷其他的人，他也會用自己的不滿足來指責別人。所以，父母如果給予子女太多不當的溺愛，讓孩子耽溺在受到完全保護的狀況，可是他內在世界的需求卻沒有人了解的時候，這個觀念就會慢慢地長出來：我就是這世界的唯一。然而，他不會注意到他自己的內在世界，因為他的注意力都在外界是否能滿足他，當他注意力在外界的時候，你要他回到自己的內在世界，他回不來。

我在學校裡有些觀察。現在的年輕朋友都流行「酷」，但我對酷有不同的解釋。我認為酷的意思，就是掩埋你的內在，然後你可以用一張別人都察覺不到你

內在狀態的臉來給別人看。這些人是不是真的有內在的不安呢？可能有，可能沒有。很多時候，我在跟學生接觸時發現，當他年紀愈來愈大，他內心的不安也開始逐漸增加。他雖然在環境裡面會責備外面的世界對他不公平，可是他也會出現一個念頭：我要逃離這世界，我不想在這世界負任何責任，這世界是虧待我的。因為他已經沒有辦法像他小時候，可以擁有這麼多完全的注意。對這樣的人來說，在他的人際互動裡面，就是讓他的那張臉變得很酷，這樣他才能夠維持自己像小時候那種高高在上，卻又非常自我中心的狀態，因為酷是一種非常吸引人的方法之一。

我認為，社會如果愈富裕，這種情形會愈多。如果父母給孩子的注意力，只是物質上的注意，那孩子內在世界的被了解，可能愈來愈重要，但是卻愈來愈不夠。然則，別人在看他的時候，會說他的日子過得很幸福，什麼都有，可是問他要什麼，他也不知道。一旦和人的關係發展到比較深層的親近時，就會開始茫然或害怕，再不然，就是無止盡的依賴。茫然的是，不知關係可以如何再往下走，好像已到了盡頭，十分無趣；害怕的是，好像那個深處的不安要冒出來，卻又是自己十分陌生的，於是也顯得不知所措。

在工作職場上，普遍地對新新人類感到頭痛，說他

們不敬業，說他們工作倫理很差。我想年輕的一代不是沒學過，也都有心做事，可是他們的成長歷程裡面，那個自以為是的狀態始終都在，所以他們對人的尊重、好奇，對事的主動、負責，大概不容易產生出來，且這個過程當中對他們也沒有什麼好處，因為他們並不開心。所以，進入工作世界之後，磨鍊與調適就成為十分重要的課題。

受害者心態

不論是行為上出現投射、控制、自我打擊，或是由於內在的神經質需求，或是在成長過程中分化不足而自以為是，一旦進入各種社會角色，面對環境的期待與人際間的回應時，都很容易產生各式各樣的挫折和衝突，隨之而來會出現各種情緒，憤怒、沮喪、挫敗、委屈等等，這些心情的出現，正是一個很好的時機來告訴自己：我都這麼努力了，卻是這樣的結果，老天爺太不公平，我怎麼那麼歹命！於是，就讓自己定位於受害者，都是因為別人如何如何，才害得自己如此悲慘。一旦讓自己「定位」在受害者：就更有理由在環境中操弄下去，更不必為自己的行為負責任。

投射的人，一旦真實狀態與自己的密碼不符時，就

開始抱怨遇人不淑；控制的人，一旦遇到不受控制的人，便開始憤怒不安，認為對方不識好人心；自我打擊的人，更是徹頭徹尾認為自己是弱勢者；神經質需求和自以為是的人，更是周而復始地確信別人需要為自己的挫敗負責。

所以，我們在人際之間最常看到的是對別人的不滿，而且除非萬不得已，不會自己認錯。其實，人在推諉之中，保護自己的生存位置，而確認自己是被害者，是為了自己找到生存的空間，而且是要求別人來為自己的生存位置負責任的，例如，部屬的日子不好過，都是因為主管過於嚴苛。

然而，被害者的位置卻喪失了讓自己去接觸自己內在需求的機會。所以，心中的渴求始終都在，卻仍如荒漠一般，得不到滋潤。於是，周旋於各種人際遊戲之中，雖然十分耗費心力，卻沒有充分而踏實的滿足感，惶惶終日，不知把心安放何處。在表面上，人們都認為自己是很盡心盡力地在扮演每一種角色，卻由於內心世界的不安定，延伸出許多讓自己、讓別人煩惱不斷的人際互動，而每一回合讓人煩惱的人際互動，又更進一步地影響下一回合，如此周而復始地跳不開原有的窠臼，精力始終花在如何擺平外界，卻常陷在同樣的故事中，內在的挫折、不安終究無法紓解。

互動模式

一個人基於他的生存狀態，玩的戲碼有限，於是會在他的行為裡形成某些有規則可循的「互動模式」。比如說，在投射部分，我們腦袋裡的密碼非常重要，你會發現你在那個投射裡面重複同樣的行為，因為那個密碼對你來講，實在是牢不可破。所以有一些人在找女朋友就好像一直在找媽媽一樣；也有一些男性他知道自己不要找媽媽，可是他的內在需求還是在的，因為他的投射一直是這樣的，所以他在找太太的時候，他找的一個形體不是像媽媽的甚至是完全相反的，可是他的互動模式由於內在需求的緣故，不自覺地又掉到原有的模式中。

也有一些人，是很愛做媽媽的，母性很強，喜歡照顧人。事實上，也可能是她自我肯定需求的投射，她那個密碼的運作老覺得別人需要幫助，使她到處去扮演那個照顧人的角色。人家會認為她是一個很熱心、很好的人，可是，當她每幫助完一次，她的需求是什麼？她要得到感激，她要得到肯定，如果她沒有得到的時候，她可能就失望了。她會覺得她受傷了，甚至認為對方不領情，然後她會開始給自己自我打擊，認為自己不重要。但是並不會因此不再扮演此類的角色，只是她會更有選擇性而已。

　　控制也是一樣，小時候被控制，因此學會了控制人來滿足自己需求的方法，長大以後，到了工作場所裡面，你可能自然而然地也會控制你的部屬，控制你的同事。通常我們覺得會撒嬌的女性很占便宜，因爲那是一個明顯的控制行爲。只要撒嬌一下，對方就會點頭。那男性會不會撒嬌呢？會的。只是方式不同。所以有的先生跟太太之間互動的情形是，嫌這樣也不對，那樣也不對，太太就要不停地去撫平先生，其實說穿了，就是先生在撒嬌。他需要的是什麼？他要的就是太太可以撫慰他，這也是控制。

　　在控制裡面，如果太太跟先生之間常常玩這種遊戲的話，夫妻之間互動的模式就出來了。有時候，太太嘀咕，先生千篇一律地認錯，然後就可以和好如初，這就是一個明顯而固定的模式。這些模式也會出現在我們的工作場合，所以部屬通常都會找到一套應對主管的方式。

　　自我打擊也是一樣，每一個自我打擊的人大概都會在一個評斷之下就開始批判自己，或者把自己放在一個與他人比較的位置，開始貶低自己。接著，可能是更強勢的對外攻擊，讓自己有贏的機會，再不然就是退縮，讓自己在紛爭中逃避。所以，人如果從各個角色中去找自己的應對方式，大概可以慢慢地找出來，自己的人

際關係裡面有些什麼樣的模式、什麼樣的互動型態在運作。

　　例如，有些人他的互動模式是，他不明說他要什麼，他等別人來發現他要的是什麼。可是，他用什麼方式去等，等別人來發現他呢？他是用很安靜的方式，安靜本身也是一種吸引人注意的方式。也有的人，他引人注意的方式是，很熱心地去參與、去投入，之後，別人的注意力就過來了。

　　因此你會發現每個人的策略都不一樣，行為也不同。可是每個人都有各自的玩法，那背後的東西，就會回到內在的需求，或是那個期待裡面去，然後在這當中那個模式就不停地轉、不停地轉，久而久之，這個人的樣子就出來了。於是別人會說你很熱心，用一些形容詞來形容你，說你這個人像媽媽一樣到處在照顧別人。

　　我以前也會做這樣的事情，可是漸漸地我發現，在照顧人的行為裡面，其實有一大部分是在滿足自己的成就感，後來我會學著在自覺的情況下，弄明白自己要的是什麼，才決定自己該怎麼做。

　　有一位全職家庭主婦，在家中努力地掌控一切，相夫教子，總算平安地進入自己的五十歲，由於孩子的長成，各有主見也各奔前程，她心中漸有失落感，便開始參與各種社會服務，並且學習一些助人的知識與技巧，

然而在她過去的互動模式中是管理身邊的一切人事物，使之按照自己認為最好的軌道進行，所以，在進入社會服務的行列以後，仍然按照這樣的模式去與人互動，以至於常常花費很大力氣，去說服別人按照她的方向和方式去做，卻遭來很大的挫折。周圍的朋友雖然常常安慰她，但是她總是抱怨別人不受教，內心有個很大的渴求就是別人對她的肯定。

在一次討論會中，談到去幫助人家的目的是什麼？是為了別人還是為了自己？如果是為別人的話，應該看看，是什麼卡住了，以至助人的過程是這麼無力！如果是為自己，那就不用那麼費力氣了！因為自己的需求一旦明白之後，可以用別的方式來補償它，不一定要用這種兜圈子的方式來滿足自己。這位太太才猛然發現自己的模式和內在需求。

互動模式裡面可以看見一個人的特質和風格。如果常年累月這樣下來，覺得日子過得還不錯的話，表示這樣的行為模式，在你的人際關係裡，不構成太大的衝突或者是不愉快，表示你各方面的平衡都還不錯！可是如果說這個模式行之有年，卻出現一些非常不愉快的，或者是出現很多煩惱的話，就必須要回過頭來想，是什麼地方卡住了？什麼地方出狀況了？大多數的人不會回頭去看看自己的模式，而會把責任放在別人身上，像投射

狀況，把自己認為理想的對象投射在某個人身上，你對他的印象很好，於是就開始交往，交往了一段時間後發現，這個人跟你當初所認為的不太一樣，而且愈來愈多的差距，他無法符合你的期待。

事實上對這個人來講，並不是他變了，而是他愈來愈能夠呈現出他真實的自己。可是因為他跟你當初投射的不一樣，於是，你就說這個人變了！當你說這個人變了的時候，心情是很不好的，好像是被騙了一樣。

然而，非常重要的是應該回過頭來看一看，這裡面的自己出了什麼狀況？可是大部分的人不會這麼做！大部分的人會開始責備：「你變了，你不愛我了！」於是再另外去追尋合適自己的對象，讓自己仍掉回原來的模式裡面去，進入另一個堅固而又重要的循環。所以，打破那個循環是很重要的。

可是要打破那個循環之前，得先發現，那個模式是什麼？你如果沒有發現那個模式，你無從打破起。所以找找看你的人際互動是不是有一些已經固定的模式？固定的模式有時候是很享受的，就像周瑜打黃蓋，一個願打，一個願挨。這樣的模式其實不需要去打破，因為你們心知肚明，對方也樂於配合。你們可以在雙方都心甘情願下，持續這樣的互動。可是如果那個互動的模式裡面有些地方是常常會卡住的，讓那個關係停滯不前，那

麼，就要去了解一下，那個模式怎麼來的，怎麼去的？

比如說一對夫妻，常常先生是很期待太太照顧的，太太也是很期待先生的照顧。說穿了，就是兩個人都是希望被照顧的。可是，人有差異性，在他們交往之初，很可能已經定下來一個模式，這模式是，當太太心情不好的時候，先生總會安慰太太；等太太心情擺平了，先生也就有好日子過了。如果這是一個模式，先生為了讓太太好過，常常認錯：「對不起，是我的錯！」其實他的心裡並不一定以為自己不對，認錯只是為了求得一個和平，因此才讓這方式一直維持下去。

可是問題是一個人能夠一天到晚認錯嗎？沒有辦法。天天認錯，你就會認為自己不像人了！所以某些時候，先生會反駁，而太太就會覺得認知上失調：「你每一次都是說你錯的，為什麼這次不說了？你不愛我了！」這個結論就出來了！而這個結論出來了以後，這先生其實是為了讓自己活得更像人一點，但這個太太，卻在過程裡面，一直覺得她先生不愛她了，這是一個很嚴重的自我暗示。而月暈作用就跟著出現，把先生種種行為往負面方向去想，導致兩個人愈來愈同床異夢。

在這裡有個很重要的情況是，當初那個互動模式裡面，有哪些東西是被卡住的？我們可看到那個部分是：這個先生會回過頭來看看自己的委屈，這個太太可以回

過頭看到，自己其實很依賴別人的認錯來肯定自己。唯有這樣，才能從互動的模式裡面，找出脫困的方法。而你也會發現，辨識這個模式會變得多麼重要。當你認識這個模式之後，才能再進一步看出路是什麼。

界限

　　當人們無法辨識自己真正的內在需求，而又力求內外的平衡時，會很容易掉進人我之間模糊糾纏的界限或界限過於僵化的現象。

　　人與人之間原有一個基本的界限，就是我們的皮膚，從形體上去區分我你。而這最基本的區隔，隨著成長，逐漸發展出心理的界限，或人我之間的界限，藉由這界限延展出來的是：我跟你是不一樣的。

　　前述的投射、控制，不是過於膨脹自己的主權，去要求別人來如自己的願，就是過度地委屈自己，把自己的裡面縮得很小很小，然後和外界愈離愈遠。

　　膨脹的時候，是讓自己與人的界限之間，糾纏不清，不分你我；而人與人之間心理上十分疏遠，就是過度僵化的現象，像牆一樣，非常地固守自己，沒有人可以越雷池一步。他把自己關在牆內的世界，無法了解別人。當有人對他表示關心或好奇時，可能會曲解了別人

的關心，築起更厚的牆來保護自己。所以，那個界限過於堅固，永遠無法穿透，使得人與人心理上的距離非常疏遠或停滯，也形成我們人際界限的僵硬。

然而，要找到恰當的界限，是一連串個人成長的過程。比方說控制，就是非常容易模糊的。一個人膨脹自己的界限，認為自己是對的，於是他可以替別人作主，別人該做什麼，他都已經有了定見。所以，他等於已經侵犯到別人的界限。

在「界限」的觀念中，其實我們希望人我之間是各有分寸但不失彈性的。也就是你有你的，我有我的主權，而我們之間的這個界限是可以穿透的，是可以交流的，可是仍然不失你我。於是你我之間是可以分享，而不是誰高誰低，是互相尊重而不是過於疏離，彼此間可以很清楚的去區分我是我，你是你。我在表達我的時候，我只替我自己作主，那你表達你的時候，你也只在替你自己作主。我可以表達自己的感覺和看法，那表示我的願意分享，但是要怎麼反應的決定權在你，由你來決定是否要採納我的看法，這意謂著人與人之間是可以有不同的感受和想法的，所以我不能用我的語言來控制你，你也不能用你的行為或語言來控制我。今天我可能因為自己的需求所在，所以我想辦法控制你。可是如果我承認你是獨立的個體，我跟你之間有一個互相尊重

的界限的話，我可以很清楚地告訴你，其實這是我的期望。可是，對方也可以為他自己的行為作主，他可以決定要不要接受。

父母對子女有期望，就會想辦法控制自己的子女朝自己所期待的方向發展，如果子女有不同的取向出現，身為父母的，一方面需要去找找看，自己之所以會如此強烈期待的根源是什麼？另一方面，要去檢查一下，親子關係的界限在哪裡，試著去聽子女的心聲，了解子女的期望，聽的過程中不要快速地下評斷，然後表達自己的期待，也聽聽子女的回應，如果仍然放不下自己的期待，也清楚地讓子女明白自己的害怕和堅持，這是一個尋找恰當界限的過程，一來一往，開放而分享。表面上看起來，透過溝通，使親權得以伸展，而骨子裡，卻是在一連串互相尊重的冒險中，讓親子關係益形信任。

在界限的摸索過程中，冒險是在所難免的，因為那意味著，既有的互動模式可能面臨挑戰和改變。也就是說，可能需要認清自己的內在狀態，或接納對方的真正狀態，或放掉自己的某些遊戲，不再自欺欺人。而摸索這樣一個清晰而又舒適的界限，不是一蹴可幾的，它是一個個體成熟的過程。控制的人，學著減少控制，給自己，也給別人空間；投射的人、自以為是的人，學著真正地面對自己，了解別人；有神經質需求的人、認為自

己是受害者的人，學著了解自己，接納自己。這些都是一連串挑戰的過程，過程中可能有面對的痛楚，但是走過來之後才有接納的喜悅。

　　譬如，我們會對一些人有一些負面的看法，我們常常會覺得，如果把這個負面的看法說出來的話，會傷到對方，而且傷到對方之後，好像關係就破裂了，我們就不能持續這樣的關係，好可惜！可是，這個負面的看法，你要不說也憋得很難過。這時候如果想讓這份關係更開放，更有意義的話，可以冒險的就是，你能很明白的告訴對方：「在我跟你的交往經驗裡面，我有什麼樣的一些感受，這些感受裡面，有那些部分是負向的，我很遲疑要不要告訴你，告訴你之後，我很害怕我們的關係會被破壞掉了，可是不說我又很難過。在這個情形下，我還是選擇了告訴你，因為我認為，做為一個朋友，我把這樣負向感受告訴你，可能對你是有點意義的，對我們的關係也更有意義的，你願意聽嗎？」

　　這樣邀請，先表達了自己的狀態，殺傷力就降低了，而且對對方來講，雖然是一個負向的感受，但因為他充分地被尊重了，所以在接收這些訊息時，也會為他接受訊息的行為負責任，不會認為是你在攻擊他。這對溝通而言是很重要的一個基礎，也是很難的地方。其中你很清楚地知道自己的界限所在，然後你不但對自己的

行為負責任，而且你可以在尊重對方的狀況下，產生你的溝通行為。這時候的溝通行為其實是雙贏的。

而我通常會看到、聽到很多朋友在學習溝通技巧時，這個部分也顯得最困難。因為溝通的當下是不安的，要去提起、放下真是不容易，有的人就逃避而讓關係停滯不前，但是如果突破了，關係才能更深刻，這個部分的界限跟掌握，就是我是我、你是你，我了解我自己，然後我也尊重你的感受跟看法，我也願意跟你分享這個部分，可是，你要不要接受，是你的主權。這樣的認知，是一個人能夠清清楚楚的，或者是，即使沒有辦法做到完全的清楚，但至少可以慢慢地清楚到自己在互動當中，自己的需求是什麼？期待是什麼？玩的遊戲又是什麼？一點一滴的，慢慢地知道：哦！原來這些都是自己的。

有了上述的邀請，冒險仍然在，因為，對方的反應仍然是我們無法控制的，尤其掉到一些利害關係中時，這種冒險正好落人口實，或成為對方攻擊我們的理由。這時，自我保護的功能仍是非常重要，而保護和冒險之間的分寸拿捏，也是非常藝術的。但是，在一份持久的親近關係裡，如果你的溝通是可以這樣去冒險的時候，了解、尊重會使關係發展得更令人滿足，因為人都是血肉做的，關係的生動與深刻，是靠人創造的，而要在

深的關係中冒險或在淺的關係中冒險，這是我們自己可以選擇的。所以，溝通其實很簡單，就是人與人之間一來一往而已。可是這一來一往的背後，包含的東西實在是太多了，如果我們把它當作一個課題來自我學習，或者是去探索自己，我相信溝通就會變成一生當中最重要的功課，因為這個活動只要你活著，就會持續進行，你都會藉著溝通學習你自己、發現你自己，然後完成你自己。

這是一個非常好的工具，所以，試著去看看你自己的互動模式；試著看看自己的遊戲；試著看看自己的需求是什麼，然後，也試著看看你的期待在哪裡。這些課題一路找下去，才能逐漸跳脫舊有的互動模式，認真地面對自己，建立人我之間清晰而有彈性的界限。當人的成熟度增加，對人、對事的智慧也就出現了，這時候，再回頭看看自己的一些所謂利害關係時，也就不再那麼利害，因為自己知所取捨，知所定位，知所行止，更重要的是，取捨之間知道為自己的選擇負責任。當一個人願意為自己的言行舉止負責任時，也就不再是「別人為什麼這樣對待我？」的問題，而是「我決定我要怎麼做」的課題了。

界限的清晰和掌握，是靠自己主動地去弄明白的，對內，讓自己愈來愈明白自己；對外，藉著溝通與互

動，讓人我之間的分際也愈來愈清楚。同時，允許自己
在不同的人、事、時、地中，掌握界限的變動性，享受
不同的遠近親疏，心中是安定的，行為是自由的，人我
之間的負擔和煩惱逐漸減少，享受和自在逐漸增加，人
活著不就是在學習這些嗎？

探索與了解

當一個人能正視自己、了解自己、接納自己的時候,

才有可能改變。

冰山——表裡不一致

　　人際間的遊戲，常會給我們自己的內在世界，造就一個與外界環境不協調的狀態。如果從人的互動模式裡面，也可以看到人是怎麼樣地在求生存，人在成長的歷程當中，他要非常在乎外界的環境，而這個非常在乎的過程，使他能夠存活下來，因為在他贏得別人的同意、別人的肯定、別人的讚賞之時，他才能擁有生存價值。那時他的內在世界是一個什麼狀態，已經變得不重要，比較重要的，卻是別人對他到底肯定多少，於是自然而然就會形成表裡不一致的狀態。

　　「冰山」是家族治療大師維吉尼亞・薩提爾了解人的系統。這個系統，我覺得一方面很通俗，一方面又很深刻。她認為人的行為，只是冰山的一角，這個行為的部分，基本上是希望得到別人的肯定、得到別人的認同，而這個行為因為看得見，所以被別人肯定也好、被別人認同也好，往往就會成為一個很重要的標準，所以我們看人也常常會從行為上著眼。

　　比如有的人愛講粗話，我們就從講粗話的行為去判斷他；如果一個人彬彬有禮，他與別人之間的應對進退讓人覺得很舒適，我們就會說這個人很好相處，但是他骨子裡怎麼樣，我們並不知道；所以，薩提爾這個說

法：表示人的行為只是外顯的部分，可以看得見，內在
世界、內在狀態，卻是看不見的。人常常把自己的注意
力，放在自己外顯的行為上，因為這個部分是跟外界接
觸的一個最重要的途徑。我們常常會注意自己的外表，
注意自己跟人之間的應對，注意自己跟別人說什麼話等
等，可是，我們每個行為的背後，都有它的原因在。

　　自己為什麼會有這樣的行為出現？比如有些人很喜
歡控制，一定有他的道理，有些小孩很喜歡說謊話，為
什麼？有的人很喜歡對人非常討好、非常謙卑、非常恭
敬，他為什麼要這麼委屈自己呢？把自己看得那麼沒有
價值呢？這些是有他的道理的。當我們從這樣一個角度
去看時，將會發現，人的行為背後，不但有原因在，而
且這裡面就是他的生存之道。

　　薩提爾的看法是說，人跟人之間產生互動時，心理
內在的變化，就如同冰山埋在水面下的部分，不被看
見，不易察覺，如果我們能夠多去了解一下互動的背
後，也就是冰山下面到底發生什麼事情的話，人我之間
的溝通跟互動，就會產生改變的可能。

　　我們對於改變的想法，其實都相當樂觀，因為在成
長的經驗裡面，不需要知道太多的大道理，就是自然
而然會被環境模塑、改變，甚至當你面臨到很大的壓力
時，也會為了要順應這個壓力，而有所改變。可是問題

是，這些改變的歷程，有的是愉快的，有的是不愉快的。今天我們要做的是，透過經驗變成一個很自覺性的改變，就是我自己願意的，而且是在我自己的意識範圍裡運作的。簡單地講就是自我成長，我要讓我自己長出一些新的東西，我就需要從自己的內在冰山裡，去看看到底發生什麼事情，才會形成我今天的這個樣子。

　　比如說，性急的人為什麼性急？它的內在原因是什麼？有些慢性子的人做事慢得要命，天塌下來都沒有關係；而有的人總是什麼事情都神經兮兮，很緊張，我們從這些行為表面開始慢慢地往下看，就可以逐漸找到原因，也可以逐漸找到自己內在真正的渴求。當一個人能正視自己、了解自己、接納自己時，才有可能改變。但是，因為習慣使然，也因為外在評價系統是如此的強大，導致我們對冰山的存在是陌生的、忽視的，久而久之，表裡不一致的現象就出現了，而這種表裡不一，常是不自覺的。

　　所以，氣焰高漲的人，他內在世界不一定是凶惡的；柔弱的人，內在世界也不一定是脆弱的；表面上凡事不在乎的人，內心也不一定是那麼輕鬆自在的。冰山裡潛藏著我們內在真實的世界，卻把它們冰藏起來，連自己都不自覺，但是它卻足以深深地影響我們的行為。

　　表裡不一致，是內在冰山運作之後，呈現出來的現

象。冰山裡的幾個要素有層次之別，同時也是交互作用的，其中有：感覺、對感覺的感受、規則或觀點、期待、渴望，這些要素影響了也決定了我們在生存當下的自我價值感，我們就帶著這自我價值感進出人群之中，決定自己的位置、決定自己的反應。所以內在冰山和外在世界，從未有一分一秒停止交流過，只是我們不自覺罷了！

生存模式與溝通模式

在冰山接觸水平面的部分，是最顯而易見的部分，也是內在冰山運作之後，我們因應外在環境的方式，這些方式當中，我們自然而然會判斷出，自己認為最適合當下生存的形式；雖然，大部分的形式都會造成我們表裡的不一致，因為我們認為自己的內在是多麼脆弱、需要保護。但是必須強調的是，這些形式已是我們能力範圍之內，可以找到的最好的生存方式了，對自己在求生存上的努力和用心，是必須要先肯定的。然後再帶著探索的心情，看看自己用些什麼樣的「模式」來求生存，並且與人「互動」。

薩提爾把「生存模式」分成五種類型：第一種是討好的；第二種是指責的；第三種是超理智的；第四種是

打岔的；第五種是一致的。

討好

我們先從第一種開始看起，因為這是最早的生活模式。

人出生以後，基本上就是一個依賴人口，需要別人的扶養，而如果能夠讓那個有權力掌握你生死，也就是照顧、扶養你的人，能夠開心的話，基本上你的生存條件就會變得比較好。所以我們從小跟父母的互動裡面，父母是有權威而且有權力的，父母如果善待我們一點，我們的生存條件就好很多；如果父母親很忙，沒有時間照顧我們，我們的生存條件就差了。於是，你就要想：怎麼樣讓自己變成一個討人喜歡的小孩，那一個討人喜歡的小孩，就是你要學會很多討好的行為，這就變成你的生存模式。

可是這個生存模式，出現成外在行為時，也就是你與人互動和溝通的方式，就是非常討好的。像有些小孩，他心裡想要什麼就非要不可，要不到就哭鬧，如果他開始哭鬧，得到的是更大的指責時，他就學會了：我想要什麼時，我不可以用這種方式，而再試著用別的方式，然後他就慢慢學會，其實撒嬌可能更有效，或者是

把成績念好一點，就可以得到想要的東西。從這樣的環境裡，慢慢學會了要怎樣把自己模塑成可以討人喜歡的小孩。此時，那個外在評價系統加入，而且不停地給這個幼小的個體施加壓力，於是他就慢慢地長成了一個好孩子、乖孩子、聽話的孩子。

談到這裡，你可能會覺得，難道好孩子、乖孩子、聽話的孩子就不好嗎？一旦我們面臨到生存問題時，便無所謂好或不好，他就是這樣，沒有好壞之分，謹慎地不要讓自己掉到自我批判的陷阱中。而且從整個生存條件上來看，如果能夠做個好孩子，生存條件是有利的。所以，這個討好行為，其實是我們一個最基本的生存模式。

有一些人在帶小孩時，會有一種感覺，就是男孩子比女孩子難帶，女孩子比較聽話、比較會撒嬌，比較乖順；男孩子就是比較調皮，有時比較粗野，可是這就跟我們的性別文化有關，因為在我們的性別文化裡面，男孩子是不被要求做一個撒嬌的、乖順的孩子，他基本上比較被允許出現攻擊性，或是出現一些粗獷的動作。而女孩子沒有這個空間，所以你會發現對女孩子來講，討好基本上是一個非常重要的生存型態。

在性別文化裡面，女性本來就是第二性，所以討好的能力要更強，她不但要順從權威，還要討好男性。那

麼，男性要不要討好別人呢？也是要的，因爲權力不均
等的地方比比皆是，尤其工作場合上的弱肉強食，討好
基本上可以擁有較多的安全，讓權力多的人來保護權力
少的。所以只要權力不平等時，討好的生存模式自然而
然就出現了。

　　討好的內在語言是：我不夠好，請再多給我一些。
所以「討好」的背後是自己覺得匱乏，不能自我肯定，
非常在乎別人的看法，甚至一個眼神、一句輕描淡寫的
話，都會掀起自己內在的波濤，無法安定，導致一再
用順從、討好、甜美去贏得別人的贊同，卻無法面對自
己眞正的狀態。因爲討好的人相信，只要得到有權力的
人的青睞、認同，就可以在任何情況下把所有的困難擺
平。

指責

　　相對的，當我們在學習討好行爲時，我們面對的權
威者，那個有權力的人，常常會出現控制性的行爲，而
控制性的行爲常常容易出現「指責」，這個指責就像一
把戒尺一樣，如果發覺行爲不對，馬上就會打下來告訴
你這是不對的。所以任何一個父母親，他在跟小孩相處
的過程中會告誡小孩，這樣是不可以的，那樣是不可以

的，即使說得非常溫柔，對孩子來講都可能被解讀為一個指責。

　　在這裡我還要重複一次，這樣的方法沒有什麼不好，也就是說，不要帶一個批判的眼光去看，因為如果帶著批判，將會發現自己一無是處，而這些方法都是我們日常生活在用的。當你要去指責你的孩子，或者做主管的要去指責部屬時，事實上我們還肩負一個很重要的社會責任在裡面，希望對方能夠順從這個社會的規範，希望對方能夠完成這個社會對他的角色期待，如此一來整個社會才不會亂。於是當你的行為不對，有人告訴你這樣是不可以的，你就知道這個行為要收回來。對一個權威者來講，由於擁有比較多的權力，就自然而然地用這個方式，使自己得以生存。

　　我們也會發現，現代有許多主管，他希望自己不再是個老古板，自從人性化管理之類的呼聲出來之後，也希望能脫離傳統管理的方式，而用一種比較溫和的、說理的方式來呈現他的風格，但事實上骨子裡還是指責的。

　　例如我們今天用民主所包裝出來的指責，其實是隱含的，亦即那個箭頭不是堂而皇之出來，但它是背後的、偷偷的，它雖然包裝得很好，可是還是可以讀得出來它的意思，知道這個權威是不可以挑釁的。那個骨子

裡的指責，我覺得不太容易改變。我們在管理裡，要從一個傳統權威的管理方式，走到人性化的管理，還有一大段路，因為這個指責是人類很基本的一種生存方式，更何況是我們熟悉的。

指責的生存模式和效率有關。因為在指責的互動關係中有一個心態在裡面，就是「我是最對的，別人是不對的！」，於是控制情境、把事件擺平的最快速的方法，就是聽我的，如果不聽我的，就會出錯、失控，而用指責的方式可以很快的讓別人都聽我的，情境中的事件也就可以快速解決，至於別人的狀態不必關心，只要以我的觀點為主，就可以追求效率。

因此，我們很容易見到的一種情形，如果家裡有兩個孩子以上，兄弟姊妹在一起，就會出現一個規則，就是大的跟小的打架或吵架，橫豎是大的不對，這時做父母的就會出來指責這個大的：你怎麼搞的，把妹妹弄哭了。這樣一個指責出來，他不考慮發生了什麼事，也不考慮對方的狀況，只是執行規則，於是，事件就擺平了。這種情形在我們人際互動裡面其實常常出現。例如：部屬出差錯，主管陪著負責任，於是階層體制就形成層層保護，讓差錯不要危害到體制，必要時，就會出現替罪羔羊。

而一個指責的人，在執行的過程當中，彷彿得到一

份自我肯定，可是並不開心，因為在這個過程中，他以為他獲得了效率，可是，會覺得自己很辛苦、很疲倦，如果沒有得到別人的讚許，受害者心態就出現了，於是繼之而來的，可能是更多的指責。

　　一個很典型的例子，比如一位家庭主婦，在家裡要料理所有的事，自然而然就會出現很多的控制，老大要幫老二洗澡，老二要幫老三穿衣服，然後指揮這個指揮那個，她自己也忙得一塌糊塗，全家人都得跟著她轉，她控制每一個人的時間和速度，如果到時間還不洗澡，或者功課還沒寫完，嘰嘰喳喳的嘮叨就開始了，她得到了什麼？疲倦、累得要死，一點成就感都沒有。所以，家庭主婦往往寧可出去做事，在做事的場所裡，反而比較容易掌握成就感，為什麼？因為她面對的是清楚的任務，可是面對家庭，卻是各式各樣沒完沒了的家務，在這種情形下，指責就出現了。這是她的生存方法，為了追求效率，而且在確定的時間之內，所有人都得擺平，因為這段時間不擺平，跟著而來的就會有其他的事情出現。比如小孩子沒有按時上床睡覺，就會睡眠不足，睡眠不足容易感冒，感冒接著要看醫生，這個惡性循環就源源不絕。所以控制的背後有它的需求在，而指責是執行控制的方法之一。

　　同樣的道理，對做主管的來講也是，如果他不把進

度趕上的話，上面如果壓力一來，他就會很難過，指責自然而然就出現了。

　　而討好和指責很容易像連體嬰似的出現。有些人的生存模式是先討好，想法子掌握情境，但是如果討好的方式未能如願，惱羞成怒之餘指責就出現了。父母對子女好言相勸，希望子女聽話，一而再、再而三無法奏效，父母的威權嚴重受損，聲音就愈來愈大，孺子不可教的指責就出現了。

　　主管和部屬之間不也如此嗎？雖然，不一定會撕破臉，但彼此都感受得到那份不滿和怒意。也有的人，在指責與討好之間，就好像自己隨身帶著的兩張面具，面對有利害關係的人時，戴上討好的面具，轉身面對弱勢者，或沒有利害關係的人時，就把指責的面具戴上。若在日常生活中細心觀察，不得不佩服人在求生存這條路上，是多麼的費心。

　　指責型的人，他的溝通語言裡面，常常很容易出現「應該」──「你應該怎麼樣怎麼樣……，我這樣說、這樣做是為你著想，可是你都不怎樣怎樣……。」這個是很委婉的指責，但不管是委婉也好，或者非常光明正大的也好，基本上，就是否定你的狀態，他才是對的。如此一來，自然而然阻絕了進一步溝通的可能性，雙方的關係就容易停滯或衝突，甚至形成面對面時是一種關

係，轉身又是另一種關係。

超理智

所謂的「超理智」，就是當一個人的書念多了或是閱歷多了以後，就變得很愛講道理。碰到一個事件、一個關係、一個人時，他就開始分析，然後所有的知識都出籠，而且，分析得非常透徹，讓你明白，聽不聽隨你。但是會分析的人，是具有權威性的。在這種知識性的分析下，從中得到別人與自己的肯定，但是不帶一點感覺，也就是說不管別人當下的感受如何，自己就是沒有感覺，只不過就事論事，把事件擺平就算了。然而這裡面仍然藏著非常深層的指責，一方面自以為是以理服人，你不聽是你的損失，另一方面也有深層的孤寂和無力。

我在社會工作系遇到許多學生，大一進來了以後，就開始學著怎麼樣去助人，通常他們會發現，需要幫助的是自己的父母，因為他們覺得父母最需要改變。事實上，他們是用一個理想的父母框框，去框在自己的父母身上，於是就認為他們需要改變。可是他們沒有太大的權利，因為他們仍是為人子女，這時他們唯一比父母多出來的是什麼？是有關各種助人的知識，所以他就把各

種獲得的知識，拿回家去教育他的父母。

　　而他在教育父母的過程當中，因為沒有辦法去控制父母，所以就用道理去說服，希望他的父母能夠突然間醒過來，同意他的看法，而且做改變。其實，用知識去改變人，也是一種控制的過程，但是因為不牽涉感覺，所以也比較安全。可是，等到三年級開始，他們知道人的改變不是一件容易的事情時，他們就不再做這種吃力不討好的努力，可是心裡面會有很多的無奈和挫折。

　　討好的人，他的內在是委屈的，他的內在，指責的人是非常辛苦、非常勞累的，可是超理智的人，他的內在卻是非常孤單、孤芳自賞的，孤芳自賞還算好，如果他的孤單裡面夾雜了很多無奈，也就是無力的感覺，那麼他唯一的能力，就是把道理說給人聽。像這樣的人他會用很多的理論、很多的數字、很多的統計資料，以為用這些事情是比較可以說服人的。可是，當你把這些資料、數字、理論，落實在人際關係裡面，數字與理論其實沒有直接的關連性，甚至把這些抽掉時，會發現人的關係很貧乏。然而，他卻從這個道理、數字裡面，來肯定他自己。

　　超理智的人基本上不太在乎自己有什麼樣的感覺，他也不在乎別人有什麼感覺。他看不見自己的個別性，也看不見別人的個別性，他只看到事件，這個事件怎麼

樣是對的，怎麼樣是好的，他可說出一番道理，可是無
力的地方在於，不論是對待自己與對待別人，都沒有把
自己跟別人當做有感覺的人來看待，只學會了怎麼樣在
情境中，去說道理來肯定他自己。

我們的周遭有許多超理智的人。因為基本上社會開
發得愈先進，就愈推崇邏輯思考，講究人的IQ高低，
促使競爭愈激烈，人的自我保護需要更堅固，於是掌管
感覺的右半腦開始壓抑情感、情緒。因為，沒有感覺的
人，在壓力大的環境中，表面看起來是比較好過日子
的，理性的思考與分析，成為生存的工具，也成為競爭
中爭取成功的不二法門。換來的是，人我關係的表淺與
疏離，當他沒有機會看看自己時，這種情況將會持續下
去。因為這種生存方式，對當前的社會環境而言是合適
的，但是如果停下來看看自己的話，必會逐漸地體察到
內在的匱乏，這也是為什麼EQ會蔚為風氣的原因，因
為人們長期地推崇理性，已經到了失衡的狀態。

然而，也有些人長期地以這種方式生存，以至於想
要回頭找些別的生存方式時，一時找不到自己的情感
與感受，於是便要花費較長的時間來發現自己的內在世
界，或是在生理反應上付出代價。所以，EQ的出現是
為了平衡IQ的過度膨脹，藉由找回人們的EQ，讓我們
可以活得更像個人。

打岔

　　一個小孩從小到大，他可能經驗過討好，可能經驗過指責，也可能經驗過超理智。但如果仍然面對一個非常無力且無能掌控的事情時，唯一能夠做的便是，以自己一個非常異想天開的念頭，想辦法把迎面來的壓力迴避掉。對小孩子來講，爸爸跟媽媽是非常重要的人，這兩個都是他愛的人，假如父母親一吵架，他的害怕就出來了，他所有的心理需求都受到了威脅：「會不會爸爸媽媽不要我？」「是不是我做錯了什麼事情，所以爸爸媽媽在吵架？」「我大概是多餘的！」當這些想法出來時，他面對父母親的爭執，是非常非常無力的。

　　這時這個無力感會讓他想盡辦法，要如何把這個壓力現象解除掉？大一點的小孩，比較有能力的，他就躲掉了，可是有一些小孩，就異想天開的告訴媽媽說要尿尿或要喝水，媽媽只好暫時離開這個衝突，把注意力轉移到孩子身上，然而問題並沒有真正解決。在這樣的情況下，小孩就學會用這種方式來生存。

　　而在成人社會中，現代人的溝通和互動行為裡面也有不少是避重就輕的。例如：年輕人的串門子、抬槓，其實跟打岔是同樣的意思。嬉笑怒罵的事情很多，可是永遠說不到重點。在人際關係裡面也是一樣，嘻嘻哈

哈打打鬧鬧的很多，可是對於關係，有沒有太大的幫助呢？沒有，散了就算了！而當他回到自己個人的時候，仍然非常孤獨。這表示他的關係和互動之間，對他自己的個人心理需求沒有任何幫助。只是他可以在人前人後享受一個還不錯的人緣，因為他跟誰都有話說。

　　與人之間不需要有很深刻的聯結，如此不但可以免去面對問題或壓力，同時還可以引起人家的注意。比如說在一個場合裡，出現了比較大的壓力時，說一個笑話，讓大家笑開了，看樣子好像很有功能似的，因為大家可以暫時解除壓力，可是卻把真正的問題岔掉。

　　現代的人內在世界有時是和小孩一樣的狀態，內在跟外在的距離非常地遠。別人看他是一回事，但他的內在世界，卻是捉摸不到。能看到的外在行為，都是這一些打岔行為。而我相信，「打岔」的歷程是人在經驗過一些挫折、無能為力之後學會的。基本上對事件、對自己、對他人，全部都是無法聚焦的、茫然無方向、找不到定位的。可是，打岔的人有一個好處，就是他可能對於一個情境的處理，由於注意力不在事件上，同時不在乎自己和別人的感受，所以，可能他會很有創意，而且他可能還有點幽默感。

一致

　　人們常需要因應不同的情境，而用不同的方式去求
生存，但仍會有或多或少的不愉快，為什麼？我們單
單拿感覺來講，指責的人，他通常囤積了很多憤怒和辛
苦；討好的人，他也囤積了很多委屈和辛苦；超理智的
人，囤積了很多無力跟孤單；打岔的人的感覺，更是非
常非常深沉的茫然。

　　在這樣表裡不一致的生活中，溝通跟互動都是片段
的。面對這樣的人一個樣，面對那樣的人又另一個樣，
當回到自己家裡，或者一個人單獨面對自己時，將會不
知道，「我」到底是誰？這個問題就出來了！「我」
到底是誰？哪一個才是「我」？哪一個才是「真實的
我」？

　　所以薩提爾的說法是，人要開始慢慢地學著，特別
是長大以後，要學著怎麼樣讓自己的表裡可以逐漸的
有機會趨於一致。但趨於一致並不表示你要把原有的生
存方式丟掉，這四種模式是你歷練這麼久才琢磨出來的
能力，而這個能力一時之間丟掉的話，你要靠什麼過日
子？因此，這個東西不需要丟掉，只是要增加一部分，
增加那一個可以讓你「表裡一致」的部分。

　　表裡一致，是一個人可以忠於自己的內在世界，同

時尊重別人的感受，而且是在重視情境的影響之下，所產生的生存方式或溝通型態。因爲忠於自己的內在世界，所以對自己的內在變化，是坦白而且接納的；因爲尊重別人的感受，所以對人總是試圖去了解；對情境中所發生的事，也是願意去重視，並且想辦法解決。當這些因素掌握了，人是安定的，不必自我貶低而去討好，不必凡事控制而去指責，不必像個超人一樣的要求自己，也不必像個無頭蒼蠅，四處亂竄，而可以活得更有人味、更有自己。這個部分對現代人而言，愈來愈重要，因爲這個部分若不努力去發展出來的話，所謂的EQ都是非常表淺的技術而已，時日一久，就不夠用了。

感覺

　　若要「表裡一致」，得先開始了解你的「內在」，到底這個「冰山」下面是些什麼東西？首先我們會面臨到的是「感覺」。很多人在指責別人時，他心裡面的感覺是著急，因爲他急於要完成什麼東西，他急於要把目標定出來，他急於處理這個效率的問題，於是一著急指責就出現了。爲什麼？因爲他害怕無法控制對方，害怕事情脫序。所以指責的人，通常他的感覺是著急的、焦

慮的、不安的、擔心的、害怕的。

　　那討好的人呢？他通常會出現的感覺則是，由於他希望做一個好人，不要被人家指責，跟人之間不要發生任何衝突，所以他在討好的過程中，他的內在世界就會變成委屈的，害怕破壞關係的，很擔心自己會做得不好的，因為一旦不好，對方可能會出現指責或對自己有負向的看法，所以總是擔心自己做得不好，相對也害怕別人的看法，這是討好的人的感覺。

　　超理智的人感覺常是沒感覺或是孤單的，急於想要知道什麼東西是最正確的，要告訴對方什麼是最對的，很可能在說道理時自信滿滿，可是內在卻是孤單和不知所措，因為擔心人家聽不懂，怕人家不接受，所以也有一些害怕在。我們常常會發現，當一個人在說道理時，如果不停地去挑剔他，質疑他的道理，他就會慢慢著急起來，防衛起來，因為他這個道理是不容被否定的，一旦被否定，他的整個價值感都被瓦解了；因此，他一定要據理力爭，那是證明他的價值所在。所以，超理智的人，通常也有害怕、孤單、無力感會出來。

　　打岔的人更是茫然，害怕衝突的，能逃就逃，能躲得掉最好，所以那裡面也有許多的害怕跟擔心。

　　「一致」就是你有什麼感覺，它就是什麼。它是允許害怕的、允許生氣的、允許孤單的、允許不安的、

允許焦慮的，一致並不表示你的感覺會改變，而是允許自己擁有這樣的感覺，於是溝通的內涵自然而然就不同了。

　　一個人如果否定自己的感覺時，他在溝通當中，就比較會出現討好、指責、超理智和打岔，如果他不去否定自己的感覺，就比較容易出現一致，這是最大的差別。

　　某天晚上，我的小女兒在寫功課，她老師叫他們用注音符號寫一篇比較長的文章，所謂比較長的文章，就是一個段落，因為才小學一年級。結果她就寫了一個題目──「我的家」，介紹我們家的每一個人。那天晚上是我先生在指導她做功課，她寫她爸爸：「我爸爸是一個很凶的人，他喜歡發脾氣。」我先生就說：「妳怎麼可以這樣寫爸爸？」她說：「你本來就是這樣子！」我先生說：「那媽媽呢？媽媽沒有罵過妳嗎？」她說：「媽媽沒有像你這麼凶！」我先生就問她：「那妳比較喜歡媽媽囉！」她說：「喜歡是兩個都喜歡啦，可是我不喜歡你那麼凶嘛！」表達得非常清楚。我先生故意裝著生氣的樣子，小女兒就非常誠實地說：「喜歡就是喜歡，不喜歡就是不喜歡，你幹嘛要我騙你呢？」這麼一講我先生就傻眼了，她就是對她的感覺非常清楚而且真實。

　　如果，這個小孩再大一點，她學會看清自己的生存狀況：今天是爸爸指導我做功課，萬一把爸爸得罪，我後面還有好日子過嗎？如果有這樣一個念頭時，她就會開始討好；可是當她開始討好時，一定會跟她爸爸說：「沒有啦！你只是偶爾發脾氣而已啦！」這樣撒嬌一下就帶過去了，她也不會很直接了當地把她的感覺表露出來。

　　所以，人一旦允許自己擁有感覺、面對感覺時，他的互動模式跟溝通方法，跟他不允許自己擁有感覺、面對感覺是不一樣的。很多時候，我們是不允許自己擁有感覺的，更遑論面對感覺了，因為你會發現，當擁有感覺時，可能會為自己帶來痛苦，因此我們寧可不要擁有這種感覺。

　　比如有一些人，他們對於父母的感覺是負面的，他可能不太喜歡自己的父母對待他的方式，可是他心中有個規則：「天下無不是的父母」或者是「父母都是喜愛自己的小孩的，所以他們的教養方法，基本上，都是對小孩好的。」當他學到了這些東西以後，他就開始用這樣的規則，去否定自己對父母的感覺，這時他就是不允許自己擁有這樣的感覺。

　　從表面來講，你會說，一個孩子怎麼可能討厭自己的父母，一個孩子有很多時候，是期待父母親能夠多

愛他一點的，而且是用自己期待的方式，可是當這個愛有點扭曲，他的負向情緒自然而然會出現。但當他這個負向情緒出現，卻被壓抑下來，不去管它或者甚至把它切斷，表面上你還是可以跟父母維持原狀，可是最重要的一個傷害，來自於你跟父母的關係愈來愈不能表裡如一。這殺傷力是很大的，等到你想要跟父母親近時，你會發現你們的關係已經隔了好遠。

孩子在成長的過程中，對父母會有一些負向的感覺，當然也有正向的。負向的感受跟正向的感受，其實是可以並存的，不是有了正向的感覺，就沒有了負向感覺，或是有了負向感覺就沒有正向感覺。人可以愛自己的父母，可是卻不一定同意他們的做法或看法，特別是這些做法和看法與自己相異時，便很容易對父母產生一些負向的感覺，譬如：失望或生氣，如果你允許正向和反向的感覺都可以同時存在，關係就比較不會因否定而扭曲，形成關係中的暗流。

有一些關係，例如：家庭，因為家庭是人類非常基本的關係，大部分的人際互動、溝通的行為，都是從家裡學來的，在這個學習歷程當中，你的家庭互動是什麼樣的模式，這個模式自然而然會形成你在跟人互動以及人際關係裡面非常重要的胚胎。

一位女性生長在一個重視家教，認為女孩子的言行

舉止應該是很優雅的家庭，結果結婚後，發現在夫家的
互動中，講粗話是很稀鬆平常的事，會非常不習慣。過
了好一段時間，有一天，夫妻倆吵架，這位太太在怒不
可遏的情形下，粗話脫口而出，她事後形容當時的感覺
說，她一直很痛恨說粗話，可是當粗話一罵出口之後，
她突然間就有兩種感覺：我怎麼會跟他的家人一樣呢？
覺得非常丟臉；可是另一個感覺就是非常痛快！

　　這個經驗對她而言，其實是很困惑的。我告訴她，
不是因為她變得粗俗，而是允許自己擁有了這種負向感
覺，所以她不一定要學著去說粗話，而是學著去擁有自
己的感覺，選擇自己可以接受的表達方式，而不必去否
定已有的感覺。

　　所以，擁有感覺，會改變溝通的型態。由於她發
現，原來感覺是可以擁有的，因此夫妻之間的互動逐漸
地出現不同。以前她覺得她跟孩子是一國的，她想盡各
式各樣的辦法來保護她的孩子，免於受她先生家的那種
文化污染，所以，日子過得很辛苦。經過了這樣的轉
變，她慢慢跟她先生開始有了比較完整的溝通。因為
她開始以不同的角度去解讀粗話，發現粗話裡面其實代
表很多含意，雖然它在社會和文化的層次上不被接受，
但是從心理的層次上來看，它相當可以表達一個人的感
覺，特別是負向的感覺。因此，後來他們夫妻的溝通互

動就開始改變了。她開始為自己尋找比較恰當的表達方
式，同時對先生和先生的家人的關係開始改變，而她先
生說粗話的次數竟然減少了。所以，擁有感覺，是一個
非常重要的關鍵。

對感覺的感受

感覺的背後，都有些規則在指引著我們該有什麼感
受，然而卻往往不太容易找到這些規則，於是，透過對
感覺的感受之了解，會比較容易知道感覺是因何而產生
的。

舉一個例子來講，我們假設這個感覺是害怕，那到
底對什麼害怕呢？也許是對「相信人」害怕，因為曾
經有過被出賣的經驗，由於害怕被出賣，因而就有這個
害怕的感覺。假設這個害怕的感覺在這裡，我們就會出
現另外一種情況：我對於一個感覺、感受，產生了什麼
樣的感覺？有時候，我們會去判斷自己的感覺。前面
講到，如果我們不去判斷自己的感覺，我們就比較能夠
擁有自己的感覺，當我們擁有了自己的感覺，我們的互
動才有可能改變。可是當我們擁有自己的感覺，跟著這
個感覺而來的，即使沒有評斷，也可能有其他的感覺出
來。

　　比如說，我對於害怕被人家出賣的這個感覺裡，有很多的「不喜歡」，我不喜歡自己的這一種害怕，因為那裡面代表了很多負向的經驗，這就是「對感覺的感受」。為什麼「不喜歡」呢？因為我們常常會跳到規則的地方去，規則告訴我們，要做個能相信別人的人，但同時卻又不敢去相信別人，這種狀況，其實是非常不舒服的。

　　希望自己能相信別人，就是自己的規則，因為違反了自己的規則，所以不喜歡自己有這種感覺。由於，我們要從感受或感覺跳到規則的地方會有點困難，因為一下子找不到，害怕就是害怕，害怕後面會有什麼規則呢？所以，從我們對感覺的感受去尋找，就比較容易跨過這樣的階段，去找到這背後的原因是什麼。

　　再舉一個例子，比如很多人有這樣的經驗：在人多的場合會覺得很孤單，感覺是孤單，那你對孤單的感覺是什麼？對於這個孤單的感覺，假設我們產生兩種感受：一種是「無趣」；另一種是「喜歡」。為什麼會無趣呢？因為在人多的場合，我是應該受到重視的，這就是我的規則，由於有這樣的規則，可是事實卻相反，所以我對這個孤單會覺得無趣甚至討厭。另一個是喜歡人多的場合孤單，為什麼會覺得喜歡呢？是因為別人不會注意我，我是自由的，我要做什麼都可以，所以會喜歡

這種感覺。

「感覺的感受」是一個橋梁，當你知道自己為什麼會有這樣的感覺時，透過這個橋梁來找很好找。你用這個冰山，便可以跟自己玩遊戲，你可以找到自己的一個行為，然後問問自己，這個行為裡面，它代表的生存意涵是什麼？比較傾向於哪一個類型？在這一個類型裡面，你的感覺是什麼？你的感受是什麼？對於這個感覺的感受是什麼？最後再去找那一個規則……。

通常我們之所以會不敢擁有感覺，是因為我們「認為」擁有這種感覺是不對的、是不好的，從來也不去想原因，只是很快地在對感覺的感受上就停住了。譬如，一位男性正經歷傷感的情緒，但是對傷感的感受馬上就跑出來了，就是覺得自己很丟臉，於是傷心立即就縮回去了。又如，很想接近一位有吸引力的異性，心中有興奮的感覺，但是馬上對這興奮覺得很尷尬，就打了退堂鼓。所以，對感覺的感受是很細膩地在我們身上運作，如果不用心去覺察，無法知道它對我們的影響。

規則

個人的「規則」裡面包括了信念，就是你所相信的、所認為的以及你的價值觀等等，它通常是一個道

理，或者是自己給自己的一個規定。就像上述的例子，這位女性之所以壓抑自己的感覺，其背後就有那麼一個規則：「有教養的人是不說粗話的。」她信守她自己這樣的一個規則，於是她與他人的互動裡面，是不允許自己說粗話的，於是自然而然壓抑了負向感覺的表達。

事實上，每一種生存模式，它的背後都有些規則在，像指責的規則就是，我是對的、我是最聰明的，別人最好都聽我的，然後從自己的「最對」裡面來肯定自己。很多的父母親即是如此，他要求孩子這樣做那樣做，然後告訴孩子說，我是為你好！事實上，那個「為你好」裡面，背後有他自己的規則在──怎麼樣做才是對的，因為孩子不知道怎麼考慮，於是做父母的必須教孩子怎麼考慮。父母都是為孩子想，為孩子好，他們把自己的規則加諸在孩子身上，這是一種教養，也是一種社會化，同時也是一種控制，希望孩子不要出差錯。

同樣的道理也會出現在工作職場上。我聽過一些較年長的管理者，他們的經驗裡面，對於所謂的「工作倫理」有他們自己的規則：任務第一，其次才是回饋。因此老一輩的人，他們信守的是：如果我盡力地做，我夠努力地做，我的老闆應該不會虧待我，所以，我也不需要主動去要求什麼，我只要努力地把工作做完，盡量表現自己的能力，相信那個回饋自然而然會來，自然

　　而然會得到老闆的重用。可是現代的新新人類的規則改變了，他們會先問可以得到什麼？然後再決定要不要做。事情一定會分得很清楚，什麼事歸你做，什麼事歸我做，什麼時候上班，什麼時候下班，老闆不能要求多做，如果要求多做的話，得要問一下，代價是什麼？這就是兩種不同的規則。

　　這兩種所呈現出來的工作態度是不一樣的。我們沒有辦法去說哪個對，哪個錯，因為這是社會變遷的結果。做為一個主管，他的信念是什麼？做為部屬的，他的價值觀是什麼？兩者並不一樣。於是人際互動之間，就容易有衝突出現。

　　同樣的道理在家庭裡，有些先生會主觀的認為太太該怎麼樣，想法比較傳統，可是有些太太，她的觀念已經不再那麼僵硬，於是兩種不同的規則，就需要花費很多心力去調整。有對剛結婚的夫妻，在收入上彼此斤斤計較，太太覺得先生賺的錢應該拿回家做家用，而自己賺的錢就是自己的。為了這件事情，他們在結婚之前打下契約，所以當先生錢不夠用時，要向太太借錢，借了錢以後，要想辦法還的，這就是他們的規則。

　　規則，在關係裡面會形成不同的感覺，而這個感覺也自然而然地帶出不同的生存模式、互動模式。例如：這對夫妻，因為太太擁有自己的錢，所以當家用不夠

時，先生必須向太太借錢，先生的感覺其實是不公平，可是，他又啞巴吃黃蓮說不出口，因為他覺得「男人養家好像是應該的」，所以他被卡在自己的規則中間。顯然太太也信服這樣的規則，所以難免有時得意揚揚，然而日子一久，先生的不滿愈深，指責就出現了，但是兩人的爭執不見得是針對上述規則，而是由別處冒出來，小火花累積成大火花，爭執也就不斷。

規則的不同源自於我們的成長背景不同，所以不同的人自然有不同的規則，即使親如家人，規則有些是共享的，有些也是各執一方的，因為即使在同一環境中，我們都會為自己去選擇自己要的規則，只是這些選擇的過程通常是不自覺的。

然而，不同的人在一起相處，規則不同就容易出現不同的看法，如果一項規則已經行之多年，而且未見什麼阻礙的話，我們通常是一旦出現意見相左時，總會認為自己才是對的，對錯之爭就開始了。論對錯是沒有用的，重點是怎樣的調整規則到讓雙方覺得舒適。

如果把每一次意見相左，都當作是自己的一次學習，我們就必須去覺察，自己的規則是什麼，為什麼會這麼想，背後有些什麼經驗與假設，由這樣的覺察與反省，我們會逐漸看到自己的獨特性，也因為承認自己的獨特性，於是所謂的對錯之爭，才有機會轉化為對不同

的接納，才可能形成人與人之間眞正的協調。其實，不僅是一般關係如此，親密關係更是如此，因爲長時間生活在一起的人，天天短兵相接，彼此的不同撞來撞去，如果不從規則上去看差異，試著接納差異，終究是遍體鱗傷，導致關係破裂。

期待

　　規則的背後所隱含的，是人們相互的期待是什麼？「期待」裡面大概分三個層次：一個是對自己的，一個是對別人的，還有一個是別人對自己的。像上述的這對夫妻，先生的規則是：男人是要養家的，所以就會出現對自己的期待：不錯！我賺的錢就是要拿來養家，包括養這個會賺錢的太太，雖然心裡不平。太太對自己的期待就是：我要被人家養，然後我賺的是要自己留著的。至於這個太太對她先生有沒有期待？有，那就是先生必須養我，就這麼簡單！而這個先生對太太呢？先生對太太的期待卻是非常隱晦的，始終沒有機會出現，於是先生就一直在感覺的層次上打轉，他會生氣，覺得他太太對他不公平！可是他說不出來，他無法理直氣壯地告訴太太自己的期望。

　　爲什麼？因爲，他被自己的規則卡住了！一方面他

覺得不公平，因為自己好辛苦，可是一方面他又覺得他自己「應該」養家，所以他不能夠期待太太負擔部分家用，而且男子漢大丈夫說話算話，又是一個規則！其實不公平的是：如果是兩個人共同組成一個家庭，為什麼只有先生要養家，而太太不需要養家？如果男人養家這個規則可以改變，期待就會出現了。

　　這個先生很快就找到他對太太的期待是——太太賺的錢也要一起來養家。但是太太馬上否定了，她不願意，因為太太也有這個規則，男人是要養女人的，所以他們的溝通變成很困難，他們卡在兩個人的相互期待之間而有衝突。

　　後來這個太太告訴我她的成長故事，大概在她念高中時，她的父親有了外遇，以至於跟她母親分居，有一段時間，她們家裡過得很苦，本來覺得家庭是個很安穩的地方，為什麼突然間出了問題，甚至使她幾乎有輟學的危機，因而她就始終覺得自己手裡要握著錢，她才會覺得安全。所以她在結婚之後，就很堅持要自己賺錢，而且這個錢要留給自己，以便萬一將來先生外遇的話，她就不會再面臨到像她媽媽一樣的困境。這想法非常實際，因此，她對自己的期待就是：我要擁有錢，我才會覺得安全。然後她對她先生的期待就是：你要養我。因為她先生付錢，她才能有自己的錢留下來。那先生對她

的期待呢？因為她先生始終沒有表達出來，於是她就覺得這件事理所當然。

　　這一對夫妻的互動，表面上是錢的事情擺不平，然而事情的背後，太太有個很深的盼望就是：她希望有個安全感。而這個先生其實也是很孤單的，他在整個維持家計的過程，多麼希望跟他太太之間，是同心協力來建造這個屬於他們的家。可是由表面行為，要看到這個深層的部分是困難的，因為我們自己都會把自己卡住。也就是說，我們自己都不太明白自己內在的冰山是什麼樣的狀態，所以當安全感不夠，或者是期望無法滿足時，自我價值感就受到威脅。

　　例如：這對夫妻，先生很希望太太可以了解他的辛苦，而且可以跟他一起共同協力負擔家計，可是正因為他的不被了解，所以當太太出現高姿態時，他會覺得他在家裡沒有地位，甚至夫妻之間的距離很遠，自我價值感就受到挑戰。

　　一個人在人際互動之間，如果要維持一個持平的狀態，或者是他可以比較表裡一致跟人互動，前提是自我價值感不能太低，當一個人自我價值感低落或不穩定時，他就愈需要保護自己那個很脆弱的自我價值，於是表現在外的行為，就會跟他的內在距離愈遠。如果，一個人自我價值感比較穩定，就比較有膽量把自己的那個

自我狀態，呈現出來給別人看見。那個先生覺得一個男人需要女人的了解，這種話實在說不出口，雖然他也覺得太太其實應該要懂他，因為既然是夫妻，就要互相了解，可是他始終不曾表達。由於自我價值感受到威脅，所以忙著保護自己，而規則卡在那兒，等於是一種僵化的自我防衛。

所以，人對自己「內在冰山」的了解如果愈多，他便愈有辦法，讓自己的自我價值感趨於一個相當的水平，讓自己可以比較「表裡一致」。所以，表裡一致，也是一個人願意去覺察與反省的過程，透過對自己的了解和接納，使自己比較能表裡一致。通常我們對於「自己的期待」，還有「對別人的期待」以及「別人對我們的期待」，我們大概都可以找到，可是我們常常最耿耿於懷的，是「未完成的期待」。

有些父母在養育子女時，望子成龍、望女成鳳的心情非常強烈，就不停地把自己對孩子的期待加諸在孩子身上，然後給他最好的各種待遇，可是如果這個孩子考試考砸了，或者不符合自己的期望時，強烈的失望背後，就形成一個未完成的期待在那裡。有的父母會一直抱著這個失望，永遠都不死心。

我們常會發現，「望子成龍、望女成鳳」的背後，常常是父母的期望使然。於是做子女的在尚無能力分

辨時，就已經承襲了父母對他們的期望。有的人一頭栽進去不可自拔，也就是和自己的期望結合起來；有的人在擁有自己的期望之後，就和父母的期望起衝突，影響了彼此的關係和互動。尤其是我們中國人的傳統家族觀念，總是希望出人頭地，代代相傳下去，家裡有個出色的孩子，對父母來講，是最有面子的事情。所以，這個未完成的期待，使我們很多行為在這兒打轉，同時花費很大的力氣。而我們前面所提到的投射、控制、自我貶低，其實跟這些都有關連性。

　　比如說投射，一個人由於一直未完成父母對他的期待而害怕面對父母，他的投射是害怕權威者總是對他有過高的期待，於是當他面對主管時，總是敬而遠之。但事實上，主管並不是他的父母，是他不自覺地把這個未完成的期待投射到對方身上，以為對方就是這個樣子。所以，你腦袋中的密碼，很可能就是你的期待，或者是你的規則在那個地方作祟。

　　未完成的期待，對一個人而言，就像是自己生命中的一段未了情，總會想辦法借用某種形式，或某種關係去完成而不自覺。例如：有些人在尋覓自己的伴侶時，其實是在找自己理想中的爸爸或媽媽；也有人在培養自己的兒子時，是期待兒子去完成自己心中一直未完成的藍圖；也有人在追逐自己的成就高峰時，其實是自己一

個未了的心願。無論如何，這些「未完成的期待」，往往會成為生命中的動力，激勵自己，但也可能成為一種負擔或遺憾，因為，有些期待是根本無法完成，或是期待之間的差距太大，而這些都容易成為生命中的負荷。所以學著如何放掉這些期待，也是一個人成長的課題。

渴望

再往深處看，每個期待都和我們的內在渴望息息相關。有些父母把自己被重視的渴望，轉換為對孩子的期望，期待子女能夠替自己出人頭地，而理由是求生存。要在台灣這個環境裡求生存，就該怎麼樣、怎麼樣，這是一種控制。所以，如果這個孩子不能夠如自己所願，可能就會出現自怨自艾或失望。值得回頭問一問的是，父母的內在渴望是什麼？

「渴望」是我們心理需求的核心，也是人類的共通處，但是由於人們先天與後天的條件不同，渴望也會因人而異，甚至可能在人生不同的階段，而有著不同的渴望。

一個處處掌控自己子女的母親，為的是什麼？有可能是為了自己心靈深處有個安全感，也可能是為了自己有個未完成的期待，就是希望出人頭地，而有著深層的

渴望自己被認爲是有價值的。一個處處需要掌聲和注意
力的人，他的內在渴望是什麼？可能是成就感，也可能
是希望證明自己是被人喜歡的。然而，人要願意去讀懂
自己的渴望，是一件十分辛苦但有價值的事，因爲表面
上光鮮亮麗的行爲，或是令人深惡痛絕的行爲，其實都
有它的原因在。如果說穿了、看穿了自己的渴望時，人
類是眞正站在平等線上，因爲內在世界的歷程，並不因
爲你的權位或財富而顯得比別人更有價值，可是人類在
這個立足點上，卻可以因爲分享而有所成長。

　　所以，「表裡一致」並不是說心裡想什麼，就說什
麼，而是知道心裡想什麼之後，去明白那個想什麼是怎
麼來的，很深刻地去了解自己的渴望，才可以慢慢地、
點點滴滴，用口語的方式把自己的初衷表達出來。這是
一個內在溝通的歷程，也就是自己與自己溝通的歷程。

　　我常會認爲，人與人之間的互動與溝通，這個部分
是最困難的，因爲如果這個部分做得到的話，與他人
的溝通，就比較容易了。所以，人最大的敵人其實是自
己，不是別人，因爲我們對自己的內在歷程可能不夠清
楚，也不夠深入，以致溝通的層次停留在「冰山」的表
層。

　　有時候因爲愈往深處探索，被卡住的地方愈多，也
就愈不能夠了解自己爲什麼是這樣？通常我們會發現，

「渴望」其實是最深層的。然後,「自我價值」便隨之
顯現。觸摸自己的「渴望」是一個與自己心靈深處互動
的經驗,當我們帶著一份開放和溫暖,去貼近自己的渴
望時,那是一種善意的自我照顧,而不是自怨自艾。人
因爲接納自己的內在需求,就更能在日常生活中,爲自
己的需求選擇,同時與別人接觸時,也比較願意去考慮
和關心別人的內在需求,人與人之間才會出現表裡一致
的互動,冰山也就愈來愈清楚,而且每一個層次之間,
也會更通暢無阻。這是一個細膩而微妙的現象。

自我價值感

當一個人比較知道要去照顧自己的渴望時,「自我
價值感」就掌握在自己手中,他的自我價值感比較容易
穩定,不會隨著環境的變動而起起伏伏。就如同穿了一
套新衣服,當遇見人時,有人說:「好漂亮喔!」自我
價值感就開始起飛;如果有人說:「這種衣服怎麼穿得
出門!」自我價值感便隨之沉到谷底。

而如果這個人在長期的探索歷程中,發現自己有一
個得到別人肯定的渴望在,並且了解到自己的價值感,
不應該常常操縱在別人手中,就會小心地關照自己的價
值感,當別人褒的時候,清清楚楚地「看見」自己的

價值感是如何在長大，因而可以給自己一些更持平的位
置；而別人貶的時候，也可以明明白白地看見自己的價
值感在萎縮，於是幫助自己藉由互動而找到一個穩當的
位置，安放自己的價值感，這是一種用自己愛惜自己、
用自己滋潤自己的方式，讓自己渴望的部分，有較好的
狀態，而不是始終被一個神經質的需求所左右。此時，
你會發現你的自我價值感，不再像原先那一個缺乏肯定
的自我價值感那樣低落。別人不肯定我，可是有些地方
是自己可以肯定的。

　　比如說，去參加一個聚會，對於自己的出席，覺得
很有意義，因爲看重這樣的團體，看重這些人，所以願
意去。有沒有受到重視或是別人願不願意給我重視，是
別人的事情，至少自己重視這樣的一個場合。這是一個
自愛的行動，我的自我肯定會讓自己的自我價值感，不
像原先那樣搖擺地操之在人。這裡出現了界限的課題，
一個人在自己的界限範圍裡面，做自己認爲能做的事
情，所以必須要重新審視，並肯定自己的動機，以及行
爲的意義。這樣的一個行動，對自我價值來講，是一個
滋潤的狀態，自我價值感經過自己的一番滋潤之後，生
存模式就不一定是指責、討好、超理智或是打岔，而可
能比較表裡一致地出現。

　　某些時候，我們常常會對一致性有很多的誤解，以

　　爲是把一個比較淺或立即性的感覺，比如說無趣的感
覺或者是失望的感覺表達出來就可以了，其實不盡然，
這只表達了一半，爲什麼？因爲一個一致的互動裡面，
包含了我表達我的狀況，也把觀察自別人的狀況表達出
來，而且又須掌握到整個情境，這三方面都顧到了，
才是一致的表達。但很多時候，我們以爲表裡如一的行
爲，事實上只是在發洩而已，而那個發洩裡面，又充滿
了攻擊，可是我們卻以爲自己說了眞心話。所以很多人
說了眞心話以後會後悔，因爲它帶來的後果並不好。困
難就在於，我們對於自己的眞心話，其實可能只停留在
一個很表面，而且是爲了生存而產生的一種情緒反應，
或者就是冰山下面那一點淺淺的感覺而已，並不是如此
長驅直入自己的冰山，看看冰山深層之後，再回過頭來
看的那個一致性。

　　因此，一個人要表裡如一，不是一件立即性的火山
爆發而已，就如我們常說，要把眞心話說出來，說的是
什麼？它也許只是一個新的指責吧！在我們心裡，可能
已經有一個隱藏已久的指責，可是一直都沒有說出來，
所以要表現表裡如一時，就很容易把那個很深的指責，
毫無保留地拋出來，結果只是讓指責發揮得更淋漓盡致
而已。

　　另一個狀況是，你本來是很討好的，可是討好裡面

已經累積了一些憤怒，等到要你說眞心話時，你說出來也都是攻擊的語言，使對方會覺得他被攻擊了。可是你自己認爲很無辜：「你怎會認爲被攻擊了呢？你自己要我說出眞心話啊！」常常我們的溝通就是在這裡出現困難，事實上，原因也出現在這個地方。

　　所以，回想一下，我們的眞心話常常是停留在一個立即性的情感反應、一個僵硬的規則或是一個執著的期待上，由這些點上出發，在表達的背後又附加上另一個不自覺的假設：「當我把眞心話說完之後，你就會改變了。」於是，說眞心話溝通的結果，常常是出賣自己的自我價值感，如果對方不就範，就會進一步地傷害自己的價值感，這樣挫折的經驗，往往會給自己下一個結論：「說眞心話的人是笨蛋，溝通都是騙人的。」

　　因此我常認爲，溝通的困境往往不是來自於技巧不足，而是自己內在溝通的歷程不夠，也就是對自己內在冰山的接觸太少。如果，一個人透過冰山的探索歷程，逐漸能將價值感握在自己手中，讓自我與外在世界有一個澄澈的互動，心情將會轉化許多，與人的互動也會自然趨於平和。有的人擔心，這樣的澄澈與清明，不正好給別人可乘之隙來陷害自己嗎？這是一個十分弔詭的疑問，因爲一個小心提防別人算計的人，他的生活世界自然充滿猜疑；一個心境清明的人，他的生活世界自然安

164　自在溝通
Communicating with Ease

定。不要忘了，我們的存在意義是透過自己的心、眼、耳朵等感官去接受資訊，而由自己的大腦去做出解釋的。我們是活在自己所解釋出來的世界中，所以「自我價值」也是可以由自己來掌握的。

如何滋潤自我價值

　　當一個人自我價值感比較低的時候，他的行為比較表裡不一致，因為低落，表示所剩不多，就更需要小心保護，所設的關卡就愈多；如果一個人的自我價值感是在比較滋潤的狀態下，覺得比較安定、平穩，他的內外，就比較容易一致。

　　我們要如何讓自己變得比較滋潤？有時候一個人為了要穩固自己的自我價值感，他會再一次地外求，所謂再一次外求，就是會使用已有的生存模式，要求別人的改變以增進自己的自我價值感。於是，就會變成一個惡性循環，他一味地要，可是要不到，再一次地失望，失望之後回過頭來，又打擊自己的自我價值感。可是在沒有更好的出路情況下，只好再更進一步地要，又要不到時，失望就更深，自我價值感也更低落。所以此刻，唯一能夠中止自己走在惡性循環裡面的途徑是「自我愛惜」。

　　怎麼樣自愛呢？愛惜自己的方法很多，而探索自己的冰山，貼近並且擁有自己的冰山，就是最根本的愛惜自己的方法。藉由對自己的了解與接納，再進一步掌握自己、活出自己認為的意義，就是最好的自愛。

　　在此回頭看看，自己平常比較容易出現的模式是什麼？什麼時候會指責？什麼狀況會討好？什麼情形你是超理智？什麼場合你是打岔？這可從一個線索裡面去找，那個線索就是你扮演的各種角色。我們在各種角色中生存，角色之間的應對型態，就會呈現出我們的「生存模式」。

　　比如說，你的工作角色，當你在面對主管時，大多數是什麼樣子？在我想百分之九十都是討好。可是我會比較希望從「家庭的角色」去找，因為家庭角色裡面，比較容易出現真實的狀態。

　　像有些人，他在家裡非常霸道，可是出去變老好人一個。但這種老好人是撐不久的，他只要進入到一個深入而持續的關係時，那個原來的狀態就會出現。因此，從家庭關係去找，比較可以找到真實的狀態。

　　通常女性在找這個生存模式會比較清楚，因為女性的感受是比較容易存在的，或者是比較被允許存在的，討好就是討好，指責就是指責。可是對男性來講，因為感覺比較不被容許存在，他們的生活世界，最好沒有感

覺，當他們沒有感覺時，才能夠應付任務。

　　此外，很多人都會認為，自己是很表裡如一的，那是因為自己覺得自己很坦白，但是，有一個提醒，就是在你坦白的情況下，可以多朝超理智的方向去找找看。因為大多數人會一致地說：「我真的沒有什麼感覺呀！」然後再給自己一個快樂、達觀的人生觀，於是你就認為，自己的人生是很表裡如一的。然而，很多時候是因為你把你的感受切斷了，於是在自己允許的範圍之內，比較容易出現的是超理智。

　　但是，了解自己並非那麼容易，我們需要用比較淺顯的方式，藉由溝通，一點一滴地練習，再慢慢讓自己發現，自己的冰山是如何的狀態，這是一個循序漸進而且可以訓練自己的方式。所以，人愛惜自己，不只是給自己吃好吃的東西，買好看的衣服。最重要的是，怎麼樣去滋潤自己的心理空間，讓自己的心理能量開始增加，真正滋潤到自我價值的部分。

　　而互動與溝通，是我們發現自己的方法之一。過去我們常認為溝通只是為了了解別人，其實那只是目的之一，更積極的看法是，藉由互動去善用環境中這些會動的鏡子來看見自己、聽見自己，如此不但為自己創造了一本萬利的學習機會，也磨鍊出雙贏的溝通方法。但在此過程中，更需要仰仗的是，自己高度的敏銳與自覺能力。

管道與活用

透過「覺察」的歷程，
將對自己的了解與行為之間的關係建構起來，
才有可能經由適當的管道，
加以應用與改變。

覺察

　　前面，我們談到了在溝通時比較常出現的遊戲，還有冰山這些部分。可是，人的行為常常了解是一回事，懂了是一回事，應用又是另一回事。在了解與應用之間有個橋梁，就是要有一個「覺察的歷程」，透過覺察，人們將自己的行為與了解之間的關係建構起來，才可能有進一步的應用與改變。

　　比如說，你出門時，按照自己的想像穿衣服、打扮，雖然沒有照鏡子，可是覺得自己穿著很整齊。結果出了門之後，發現到一些注視你的眼光，起先可能會以為，這些眼光是不是讚賞的眼光？可是等到人家多看你幾眼，你心裡可能會有點不自在，想道：奇怪，自己今天是不是哪裡不對勁啊？然後，你去照照鏡子，可能會發現領子沒有翻，或者是衣服顏色其實搭配得很奇怪；也可能臉上的腮紅兩邊不均勻，而因為你沒有發現，就出門了。所以，要得到改善，必定要經過一個使自己知道的歷程，才知道該從什麼地方著手。

　　因此，「覺察」事實上，是一個讓自己知道自己處在什麼樣的情況下，進而才能表達自己，同時也能了解別人的意思。在這些互動的歷程中，如果缺少這一個部分，常常就會心口不一，心裡想的和嘴巴講的可能不

太一樣；或者，嘴巴裡講的和別人能夠了解到的也不相同。所以，人與人在互動時，這些鴻溝該如何跨越，最基本的方式，就是要透過一個自己知道自己的歷程，我們稱之為「覺察」。

別人的狀態，通常我們沒有辦法清晰地覺察，而別人的狀態我們之所以能覺察，是因為我們對自己愈來愈清楚；因此，才能對別人清楚。常常在溝通訓練時會聽到：要有同理心啊，要能設身處地，感同身受啊，其實這些技術都太高超了。高超的原因是，我們自己都不清楚自己，要如何為別人設身處地？有時候並不清楚自己，就把自己當作對方，可是對方是不是真的這個樣子呢？這是一個滿危險的事情！一不小心，我們會自以為是的，把自己的狀況投射到對方身上去。

另外，即使我們不是投射，而是自以為是的為對方設身處地想了以後，結果對方並不是這個想法，又無從澄清，於是更無法了解對方的需求在哪裡；因而，彼此的互動，就容易出現雞同鴨講的狀態。也許，我們應該回過頭來想一想，自己是什麼樣的狀態？先清楚自己的狀態，再藉著對自己清楚的歷程所培養出來的敏感度，再去敏銳的體察別人，如此一來，人我之間的界限會比較清楚，知道什麼是我的，什麼是你的。對同樣一件事情，我的感受是什麼，你的感受是什麼；我的看法是什

麼，你的看法是什麼，如此才有進一步溝通的可能。如果沒有這個覺察的過程，會發現你的我的混在一起，釐不清楚。

如果碰到一個不易接受他人意見的人，他認為自己說出來的都是對的，對別人的意見，總是隨意聽聽，但聽不過是個形式而已，卻很容易強制替別人作主，侵犯別人的界限，因為他從來沒有發現自己這麼強勢、這麼自以為是，甚至還會認為自己是非常善意的，卻沒有得到善意的回應。

要是碰到一個非常自卑、非常討好的人，就會覺得，別人的期待是最重要的，所以別人任何的主張、任何的建議，他都委屈求全，並沒有考慮到自己，以至當別人覺得滿意了，他以為自己也滿意了！可是在這個過程當中，他把自己縮到看不見，而讓別人占據他的狀態。等到事情過了，他才會進一步去想，「我到底在哪裡？」這樣使他更自卑。所以，我始終非常強調覺察的原因在這個地方，如果沒有這個覺察的歷程，踏實而有意義的溝通，往往沒有辦法進行。

人人都有覺察的能力，而且也都有知覺的能力。我們在這個知覺的過程中，被我們的經驗法則限制住了。我們並不是在所有的狀態中去接收「所有」的訊息，而是按照自己在經驗中學到的法則，去解釋目前所發生的

事，因而就對訊息有所選擇，這叫作「選擇性知覺」，
這是我們最需要去覺察的一個部分。

　　主觀，是我們的選擇性知覺，我們的偏見、成見，
全部都是我們的選擇性知覺。所謂「選擇性知覺」就
是在你的成長歷程中，因為你經驗到了、學到了，就逐
漸形成屬於你自己的眼光，屬於你自己的判斷，屬於你
自己的一個認知、解釋的系統，然後帶著這樣的眼光去
看整個世界。假如，你不知何時學到一個假設是「老闆
都是苛刻的」，你就會處處看到一個老闆苛刻的部分，
而這個老闆大方的部分，都不在你的認知範圍之內。因
此，覺察是要去發現自己有這麼一個觀點、有這麼一個
假設，看見自己帶著這樣的眼光去評斷一個人，如此，
老闆才有機會在你的眼光中翻身，出現比較完整的部
分，這樣一來，關係才會有些改變。所以，覺察常與
溝通同步發生，覺察是對自己，溝通是與別人互動的行
為。

　　譬如，面對一個精明能幹的人，你心裡會有什麼感
覺？很多人都有類似的判斷，一位鮮明亮麗、主動、
明朗的女性，背後可能代表著精明能幹。而精明能幹裡
面，可能傳達出，各方面都高人一等，這些會讓人感到
害怕。這個關於女性的偏見，是哪裡學來的？經驗中學
來的。因為，女性從傳統的角度來看，應該是表現安

靜、嫻淑的，而精明能幹往往就容易讓人覺得強悍，因而產生害怕的感覺。我們從學習來的經驗，對於眼前的事情做出判斷，這就是選擇性知覺。

可是，對於這樣一位女性來講，她的亮麗有可能是精明能幹的部分，可是還有其他的部分。但其他的部分很容易看不見，為什麼？因為，我們就是被原來的選擇性知覺裡面的那個主觀經驗控制住了，所以很容易出現自己的投射。

我們的大腦出現的解釋功能，就是我們的選擇性知覺，只看到片段。發覺到自己原來看人只看到片段，就是一種覺察。所以，當自己「知道」並「覺察」自己對事情慣有的判斷標準時，一方面給自己一個更寬廣的了解空間，另一方面也打開一扇新的溝通大門，使關係有新的發展，這就是覺察自己的選擇性知覺。

我們不管是看人或是覺察自己都是一樣的。我曾經發現到，一個人如果他長的是圓形臉，而且比較胖一點，皮膚白白的，就比較不給人威脅感。可是如果一個人，長得線條很明顯，而且肢體語言很直接，很容易給人威脅感。這些都是我們經驗中得來的，因此我們也很容易上當。並不保證所有圓圓的、白白的、胖胖的人，都是很敦厚的，如果這個人真的有敦厚的部分，也不見得這個人敦厚裡面，沒有其他的狡詐；因為，這些東西

其實在一個人身上是可以並存的。

　　人與人的互動之間，選擇性知覺，很容易在一剎那之間就出來了，那情形就像上菜市場買菜，如果這是你熟悉的菜市場，會發現自己買來買去就是那幾個攤販，而且，買來買去都是那幾樣菜，這也是我們的選擇性知覺。

　　另外，譬如你去服裝店買衣服，你也會發現你熟悉的顏色、熟悉的式樣就是那些，如果跟你熟悉的那些東西差距很遠的，你根本幾乎看不見。所以，選擇性知覺會透過主觀經驗，逐漸形成固定且僵化的眼光、思考、聽覺甚至味覺，有的人常會發現自己吃來吃去就是那幾樣菜，從一個角度來看，這裡面充滿個人的喜惡，但從另一角度來看，我們就這樣地被限制住了。

　　我教書的學校附近有個麵攤，我滿喜歡去那家吃，本來覺得我每一次去，都是經過思考以後，才點要吃的東西。可是，有一天，那個老闆娘看到我就說：「妳要麻醬麵跟青菜湯，對不對？」我才突然發現，對了，我好像想了半天，結果卻是一樣。這就是我的選擇性知覺。

　　在我們生活裡面，被這個選擇性知覺控制以後，很多東西就固定下來了。固定有它的好處，它有穩定感，可是也有缺點，它的缺點就是，你會去習慣看那些你看

得見的東西、聽那些你聽得見的聲音、說你說得出口的話，那些跟你原來不習慣的東西，就會被排除在外。而原來你的腦袋裡面所做出來的判斷，其實就是這些固定的感官知覺，進入你的大腦以後的資訊，經過組合，由大腦加以判斷後所產生的行為。在這樣的情形下、我們的言語舉止，包括：思考、感覺、看法，都會不知不覺地形成一個固定的模式。

因為是習慣成自然，所以我們能夠知道自己的自我狀態，也變得很有限，以至於有時候會覺得滿無力的，因為我們原來是什麼樣子，其實並不一定弄得清楚。可是，如果真要去改變，也不知道要增加什麼，或是可以增加什麼。因此在覺察的歷程，我們第一個需要覺察的工作，就是要分出一部分心思來觀看自己，而這個觀看裡面，就包括了要怎麼樣來觀看自己，要怎麼樣了解自己，怎麼樣知道自己！就像我吃飯時想了半天，原來還是麻醬麵跟青菜湯，我當場差點就笑出來了。可是，如果那個老闆娘沒有這樣的反應，我永遠都不知道。所以，她就變成了我的一面鏡子，她的反應一出來，我才有觀察自己的機會，藉著她的反應，一下子看到自己——原來我是一個這麼固定的人。

後來我就跟老闆娘講：「妳難道沒有興趣問問我，為什麼都吃這樣的東西嗎？」她說：「其實妳這樣吃很

簡單啊！而且滿營養的。」後來那一天吃麵時，我一直在想：奇怪，我為什麼會有這樣的一個習慣？平常我並不是這樣子啊！因為我所認識的自己，其實是個愛吃的人，而且我很愛吃各式各樣的東西，難道說她這家店裡面，就只有麻醬麵可以吃嗎？為什麼我選了半天就是這些呢？後來它讓我想起一個經驗。

　　我在念初中時，家裡忙，我媽媽沒有辦法為我準備便當，所以爸爸就幫我想了一個辦法，解決中午吃飯的問題。那時我念的那所學校後面有一家麵店，我父親就一次給了我一個禮拜的麵錢，交給那家麵店的老闆娘，請那家麵店的老闆娘每天中午煮一碗麵，裝在便當盒裡，然後放到我們學校後門的牆上，到中午我就知道去拿進來吃。

　　因為，酸菜肉絲麵，是她那家店很有名的麵，我也覺得很好吃，因此吃了很久都沒換過，也沒有嫌膩過。後來一直到學期過了三分之二，那老闆娘自己跟我說：「哎呀！妳已經吃了好幾個月的酸菜肉絲麵了，妳不覺得膩嗎？」我說：「還好！」她說：「那我幫妳換一換好嗎？」我當然很高興了。那老闆娘真的很好心，就開始幫我換，各式各樣的麵，她換什麼，我就吃什麼。到了第二個學期開學以後，她忘了要幫我換麵，又還是每天給我酸菜肉絲麵，就這樣一路吃下來，我父母親都

不知道。後來有一次，我父親到學校來找我，然後我們到那家麵店去，那個老闆娘看到我父親，就突然間想起來：「啊！我又給你女兒吃酸菜肉絲麵！」

就是在這樣的歷程，我發現我雖然很喜歡吃一些新奇的東西，可是還是有些部分是很穩定的，所以從那裡面我逐漸找到自己的生活當中，有些部分是非常固執的，沒有辦法變通的，而這些部分我認為是穩定自己非常重要的部分。過去我不太認識這些，也不太明白，可是那一次之後，居然從吃麵的行為裡面，我看到了自己的這個部分。這些就是觀看自己之後的發現，對我而言，是對自己新的認知。

所以，人在觀看自己的時候，可以從一個點去探索自己，然後會發現，自己的行為模式其實無所不在。當觀看、了解之後，還是可以持續原有的模式，也許我下次再去我們學校那家麵店，大概還是吃麻醬麵跟青菜湯，可是我自己知道，這是我固執的部分，說不定有一天，求新求變的部分出現了，我也可以換一種麵吃，就不會被我自己的選擇性知覺控制而不自覺。

同樣的道理，你跟某人之間的互動，有一些意見不合，關係並不好，你們一碰面就很衝，這裡面一定有它的道理存在，只是我們長久下來，已經習慣了！合不來就疏遠一點，不要說太多話，話多了就會吵架，彼此

互看不順眼，日子久了就形成選擇性知覺，對這個人的觀點固定下來。可是這個選擇性知覺如果你不去觀看的話，就沒有機會再增加一些新的資訊進來，雙方關係就不會改變。因此，覺察或觀看自己，想想怎麼會和這個人弄僵了，是一個十分重要的開端，之後才找得到模式。

如果要破除那個模式，最重要的是，要先知道我們的選擇性知覺在哪裡，然後才有下一步說：好了！我現在有這樣的現象，我可以做一個決定，自己是不是仍然要維持這樣的選擇性知覺？如果不要，我想要怎麼樣？這種想法，其實就已經是一個轉化的空間。比如說，你對一個人的看法，如果已經固定了，認為這個人就是心眼很小，處處喜歡算計別人，又非常地自我防衛。可是如果有一天，他突然間吃飯時搶著付錢，而且非常認真的要付錢，這時原來你對他的知覺可能就有點混淆了：他跟我原來想的有一點點不太一樣。如此，人際之間的空間出現了。然後，你們坐計程車，他也把錢付了，看樣子他並不是你想的那樣斤斤計較。而且，這個人會有一些關心別人的小動作，於是對這個人的觀感變了，這些都是隨著機緣而產生的擴大知覺。然而我們的人際關係裡面，並不是常常有這麼好的機緣的。

因此我們要去創造機緣，創造機緣並不是只有對別

人，還包括對自己。但我們通常對別人比較容易做到，對自己反而有點難。我有個印象滿深刻的經驗：我曾經在我的一門課當中要求學生做一個作業，要他們在現有的生活當中，有哪些事情曾經想過要做，就是不太敢做，當然這件事情是沒有危險的、不違反道德、不違反法律，而且沒有安全顧慮。這目的是為了藉由作業的要求，讓學生願意去突破一些現況。

　　有一個男生，家住南部，因為是獨子，所以父母親盯得很緊，不但緊而且黏。他一直很抱怨父母囉唆，把焦點都放在他身上。而他的雙親又都是公務員，家裡生活很正常，父母親也很少不在家；因此，這個男孩在考大學時，立志要考離家遠的學校，結果如願了，他家在南部，卻考到台北來。他大一時，住在學校宿舍裡面，自己獨立生活，也開始和同學一起去打工，工作的經驗才使他慢慢體會到，原來在家的時候，父母對他的照顧有多周到。他心裡面也有點愧疚，以前都嫌爸爸媽媽囉唆，可是一個大男生對自己的感受不容易說出來，但感激的心情則仍然存在，當然一方面也有點想家。於是他就藉著這個作業，打了一個長途電話，告訴媽媽說這是老師交代的作業，要他去做一些平常想做但是不敢做的事。然後，他就告訴媽媽：「我愛您！」就把電話掛掉了。

　　結果過了一個禮拜，他收到一封信，是他媽媽請他父親寫的。爸爸在信上告訴他說，打完電話的那天晚上，他媽媽哭哭啼啼一個晚上，想著這個離家的兒子，怎麼會突然變成這個樣子呢？是不是出什麼問題啊？爸爸就安慰媽媽，兒子是做作業，不會有什麼事情。然後夫妻兩個就聊天聊了一夜，聊到這個小孩子是怎麼長大、小時候對他的期望是什麼、長大了以後又是如何。信上大概是描述這過程，結果這個大男生看到信之後，心中翻騰得厲害。

　　看了這封信之後，他才明確地知道，原來從小父母是在什麼樣的心情下把他帶大的，他開始可以聽懂這些話了。以前父母也常告訴他，你小時候怎麼樣怎麼樣，我們是怎麼樣對待你，可是他都不容易聽進去，因為他覺得他們真囉唆，為什麼這種事要提這麼多遍？可是，那一次他父親再在信上提的時候，他聽進去了，最主要的是他聽懂了這些話背後的心情。

　　這個就是他的知覺，當他對自己的種種有些覺察時，很多的東西就有存在的空間。而且這是一個良性循環，他對自己的看法改變了，對爸爸媽媽的看法改變了，更重要的是關係跟著也改變了。關係是因為人而建構起來的，當人改變時，那個關係就改變了。所以有時候我們會說，哎呀！我變成這個樣子，不知道別人能不

能適應？通常是因為我們的人在發展當中改變，所以關係就跟著改變，有些人會覺得不適應，可是這些都是發展的歷程。對這個學生來講，他從原來一個非常主觀的孩子，認定父母的嘮叨，認定他自己被管束，所以要離開家；然後，換了環境，又經過了一個了解的過程之後，他的觀點改變了，接著，關係改變了。所以，這個覺察的歷程，是非常非常具有決定性的。

這個覺察的過程，其實就是增加選擇性知覺的空間，不再受原來的經驗所控制和束縛，使它長出些新的知覺來。原來人是固定在自己的選擇性知覺裡面，用這樣的知覺資訊，做出大腦的判斷，同時產生感覺。可是，等到增加一些新的知覺以後，腦袋裡面所做出來的判斷就不一樣，當然感覺也就跟著改變。長出新的知覺，也就是我們平常所謂的「成長」，這是我們覺察的目標之一。

現代的人十分重視自己的成長，因為成長意謂一種駕馭自己的滿足感，當然也有人把成長視為競爭的手段，不過，這種出發點是無可厚非的，因為生存本來就是十分現實的事。如果成長可以同時帶來內在的滿足和競爭的能力，豈不皆大歡喜。從小我們在正式的教育體系下學會各種知識和技能，藉由各種工具性的學習，學到爭取生存空間的能力，然而，脫離正式的教育體系之

後，成長並沒有停頓，憑藉著各種關係和互動，憑藉人生各種尚未完成的任務，我們都在經驗當中成長，這些成長都是相當紮實而且各有特色的。

但是因為這些學習過程並沒有被冠以一個「學習成長」的標籤，所以，有人會認為這只是「人在江湖身不由己」，絲毫不覺得自己一直在生命的洪流與環境互動中不停地在學習。一旦認為自己有所不足，很容易又回到早期的工具性學習，忘記自己這樣一路走來已經累積了多少的智慧與才能。所以，覺察的目的，是從我們自己身上，或藉由與人互動中，在自己身上找出新的知覺來讓自己學習。因此，活得愈久，學得愈多。當然，這些學習覺察的工具，就在我們的身上。

放鬆

選擇性的知覺本身往往會使一個人僵化，而僵化與穩定常常是同時存在的，雖然穩定有它的力量，可是，將它放到另一個層面去看，就可能是僵化。

例如，有些人睡覺一定要睡自己的床、用自己的被子才睡得著，一出公差必定想盡辦法趕回家睡覺，不肯在外過夜，否則就無法入睡；而有的人只要累了，停下來，怎麼樣的姿勢都可以小睡一下。同樣的道理，放

在人際之間的互動也是一樣，今天，如果你看到一個人口才俐落，你的判斷是這個人必定滑頭，於是你心裡便開始防衛；如果長期以來都是這個樣子，只要碰到口才俐落的人，你出現的反應就是防衛，防衛通常會造成距離，於是你與這些人的互動之間，就僵化下來了。因此，當我們的選擇性知覺被制約住了以後，往往就伴隨著一份緊張，而且是不太自覺地形成一種無形的壓力。

我們從小生活在台灣這個競爭強烈的環境中，成長的方向和步調似乎都有一個既定的框框，因為大家都一樣，也就不特別認為這樣的生活有什麼不當。假使有機會去一些讓人放鬆的地方時，對照之下，才猛然覺得自己從來不知如何放鬆。這種每天都存在的壓力，其實是非常不易覺察的，但也是殺傷力很強的。

我相信每個人的生命價值和意義，都經過社會和文化的詮釋，每種角色的扮演，成功與失敗之間都與生存環境息息相關，所以環境的範疇和價值判斷，常常不是我們可以獨力左右的，於是一種強迫性的選擇性知覺自然就產生了，這種強迫性會帶來某種程度的安定。例如，你會知道某種角色的期待與扮演是恰當的，但是也會帶來緊張的壓力，逼迫你朝環境所期許的方向走下去。一個朋友告訴我，他每次出國回來，那個上緊發條的過程真是痛苦，可是沒辦法，我們活在這個環境裡

面，而且是我們「選擇」活在這個環境裡面。

　　有的人會說，我沒得選擇，不錯，也許你沒得選擇，可是你的生活型態是自己選擇的。或許會說，這生活型態也不是我自己選擇的。但從另一個角度看，住在台北是不是你自己選擇的？你可以選擇不住台北，你也可以選擇一個月不賺這麼多錢。其實種種選擇有我們的意願在，也有自己的內在需求在左右，只是我們常常否定掉這些東西。

　　可是，我們也都知道，過度的壓力對人沒什麼好處，而且壓力本身不會消失。比如說，要過一個紅綠燈很長的馬路，那個馬路本身就是壓力十足的一個情境，因為人多車多，雖然已經有紅綠燈了，可是還是得看左右。我就曾經試過，不要過這個馬路口，反正要等紅綠燈，我就多花點時間，繞到下一個壓力小一點的路口，然後再回來，我就和我女兒就做過這種事。結果我女兒跟我講：「媽媽妳很笨呢！那條路為什麼不走，一定要走這條路？」我說：「走這條路比較不會那麼緊張。」我女兒就說：「妳如果覺得不緊張就不緊張了，為什麼一定要緊張？」我一聽她的說法，覺得很有道理！因為，壓力感的確是個人的主觀感受。

　　當壓力來時，如果把壓力拿起來，那個東西就構成壓力；如果你不把壓力拿起來，那個壓力感就會消失。

或者是說，壓力你即使拿起來了，也可以想辦法減輕它對你的影響。壓力本身不會改變，就像馬路永遠如虎口，可是，壓力所形成的影響，是可以掌控的。

由於因為我女兒的提醒，我就開始把平常所做的「放鬆」工作，連過馬路都做。我在等紅綠燈時，就讓自己的肌肉放鬆下來，然後悠哉遊哉地過馬路。後來，竟發現自己比較不受周圍吵雜的環境所影響。

所以，壓力其實是如影隨形的，它跟你的內在主觀經驗，是可以互為表裡的。譬如，你面對一個主管，這個主管如果給你壓力，你自然而然會逃避，能夠不見他就不見他，能夠轉彎就轉彎，連招呼都不想打。可是在那樣的情形下，壓力並沒有消失，只是你選擇了一個因應的方法。

然而，對於這個主管，在你的主觀經驗裡面，認為他是一個給你很大壓力的人，只要有訊息告訴你要跟他接近，或者是他找人來要你去見他的時候，你全身肌肉就開始緊縮，對於他的主觀經驗就開始加強：「他是一個那麼討厭的人，跟他接觸實在是一個非常不愉快的經驗。」你的這個內在對話就會出來。所以當你看到他時，你已經緊張得一團亂了。

在那種情況下，你們的關係、你們的互動，只會往惡性循環的方向走去，而且你的知覺，也大多停留在

他如何可惡的層面上。所以，壓力跟我們的主觀經驗其實是互為表裡的。可是，對抗或因應壓力，或者是要減少壓力對我們的影響，一個最重要和基本的原則是「放鬆」。放鬆的情形，就像兩個石頭，它們代表的是主觀經驗非常強烈的兩個人，當兩個石頭碰到一起時，雙方都硬梆梆的，擊撞的聲音很大，而且在互不相讓的狀況下，可能兩個石頭都會有損傷。

　　但如果其中一個石頭有壓力，而另一個是柔軟得像海綿一樣，當石頭和海綿碰到一起時，就沒什麼聲音，而且彼此之間也不會有什麼傷害。石頭還是石頭，海綿還是海綿，它們不會有誰缺一角。所以那個放鬆的狀況，是讓自己維持在一個海綿的狀態下，富含彈性。

　　我記得有一家公司的經理，他的辦公桌上面擺了一個好大的，以前流行過一種玩具叫作出氣娃娃。我看到覺得很有趣，就問他：「怎麼會擺這個在桌上？」他說：「這個好玩哪！如果誰看我不順眼，他不必打我，他打我的出氣娃娃就好了。」因為這個經理是滿開放、滿開朗的人，我就跟他開玩笑：「那你這個出氣娃娃有沒有換過？」他說：「已換了好幾個。」事實上，那個出氣娃娃就等於壓力一樣，如果那個出氣娃娃是新的，它就很有彈性，但如果一直壓它，長期打它，它就會彈性疲乏，不能再使用。

　　身體也是一樣，你常常壓它，使它彈性疲乏，就容易壞掉，壞掉本身就是一種僵化的結果。所以，我們要長期讓自己保持放鬆來維持彈性，當你有了彈性，訊息就進來了。

　　你可以想想看，你如果給石頭潑水，它會把水分吸進去，給海綿潑水，海綿也會吸，但石頭和海綿，哪個吸得多？一定是海綿。所以，柔軟的狀態，是接受訊息的最好狀態。由此可知，一個內在很滿、腦袋僵硬的人，他是聽不進去人家講話的。一個能夠把別人的話聽進去的人，通常有比較柔軟的狀態；而且他在有彈性的狀態下，別的訊息才會真正的進入，進入到他的系統裡面去。這時，別人講話他聽見了，而且聽懂了。

　　所以，放鬆其實在我們的察覺歷程裡，甚至溝通的歷程裡，都是非常非常重要的準備工作。你會發現，我們要放鬆好難，因為我們天天都生活在壓力裡面。因此，我們可以學一些方法，來幫助自己放鬆。一般人似乎有很多放鬆的方法，睡眠、運動、休閒活動，這些都是用來放鬆的。不過，我想要講的另一種放鬆是，你藉著肌肉的鬆弛，藉著你呼吸的深淺，來幫助你自己放鬆。這兩種方式，大概是非常重要的放鬆原則。

　　為什麼呢？因為人會緊張，或是會造成很強烈的主觀意識，通常那個緊張的狀態，所意含的是強烈的自

我控制和堅持，這時呼吸會愈來愈淺，愈來愈短。因為淺、因為短，有時會急促。這時我們就反其道而行，讓呼吸開始變深，然後在自己有意識的，掌握自己呼吸的狀況下，藉著深呼吸來讓自己放鬆。

另一個原則就是，讓你的肌肉放鬆。肌肉放鬆，如果不是很熟練，會不知道從何做起。當你說：「我要讓我手部的肌肉鬆掉。」事實做來並不那麼容易，因為你以為自己已經鬆了，所以不知道緊在哪裡？而放鬆的原則是：讓自己比原來的狀態更緊，當你更緊時，再突然放掉，才會發現，原來這就是放鬆，就是從你原來察覺不到鬆的狀態裡，把它縮緊，當繃得無法再緊時，突然間放掉，所體會到的就是鬆的狀態。這是比較刻意的方法、刻意的原則，可以讓你知道如何放鬆。

當你慢慢放鬆以後，在深層的放鬆裡面，就會讓你的感官、知覺，變得更新鮮。這時你的眼睛看到的顏色，跟你原來對顏色的知覺，就有所不同。比如說，你原來看到綠色或是紅色，只覺得：這顏色好鮮豔！你知道這個顏色很鮮豔，可是當你真正放鬆以後，再回過頭來看看這個顏色，它不單鮮豔，而且很活。那就是在你的感官裡面，又增加了一些新的知覺。

同樣的道理，你的腦袋如果常常都是做直線型思考，或者你認為路就只有這麼一條時，讓你的腦袋真的

放鬆，再來看原來的事情，恐怕就不只是一條路而已，
這就是放鬆非常重要的一個原則。當你放鬆時，新的資
訊就比較容易進來。

放鬆裡面，還有另一個效果就是，防衛會放掉，防
衛其實就是一個緊張的狀態。前面曾經談過，防衛就是
保護自己，而且保護自己是天經地義的事情。可是人在
長期保護自己的狀況下，有些防衛連自己都不知道。這
種防衛，會在心理上消耗能量、會在人際互動上造成緊
張、會在溝通裡面造成障礙，在這種情形之下，所有的
放鬆都必須要靠自己，因為沒有人可以強迫你。所以，
如果你藉著外力來放鬆，效果仍然有限。

放鬆，是讓自己的身心，都處於柔軟輕鬆的狀態，
使我們在這個狀態下，可以自然地調整自我，讓自己
更平和安定，於是，原本存在的壓力所造成的威脅相對
地減輕，同時當防衛慢慢放掉時，內在一些比較敏銳，
或是比較深層的感覺才會出來。這個部分很重要的原因
是，我們長期以來，為了防衛，為了保護自己，把感
覺壓得太深了，只有在真正放鬆之後，它才會再慢慢出
現。人也因此才能回復自己與生俱來的敏銳。

速度

　　現代人的步調通常很急、很快，速度快了以後，很多自我狀態的覺察，就會不知不覺地流失掉。如果「把速度放慢」，這些被我們流失掉的感覺、思考，才會有空間再出現。這個速度本身，也是要經過一個自我覺察的過程，有意識地去控制它，讓它放慢。因為，我們不習慣放慢，所以試著試著，一下就被別的事情岔開，回復到原有的速度去。因此，這個速度放慢和放鬆一樣，都是要養成習慣的。

　　競爭激烈的環境，會讓人們不自覺地加快速度，再加上社會和文化上對角色的期許，人們更不自覺地在既有的框框中承受壓力而不自覺，使得忙加上盲，任由壓力在自己的身心肆虐，再由於社會對成功的定義十分狹隘，人們在沒有太多的自主意識，速度自然地加快，偶有無奈感出現，也會在速度下很快地被淹沒；偶有重大事件發生時，也在迅速進入問題解決的期待下，沒有太多的空間來面對自己的感覺和自我，久而久之，人們的精力多數放在擺平事情，而忽略了事情中的「人」。所以，人心的距離是遠的、溝通是表面的、互動是乏味的，如果要擺脫這種情況，或是在這種情況下多些自覺，放慢速度來面對自我，讓感覺得以在時間的縫隙中

冒出來，才能進一步藉由深入的溝通和有意義的互動，拉近人心的距離。

我相信在正常情況下，人都希望可以有自己駕馭自己的勝任感，而速度上的快與慢，則牽涉到感覺。有時候，不自覺的為了逃避某些令人不快的感覺，於是把速度加快；有時候，為了討好情境中對自己的期待，或是完成別人對自己的期待，努力地讓自己步調加快，而忽略了加速過程中的壓力感，甚至忽略了不自覺逃避掉的感覺。久而久之，感覺的能力自然遲鈍了，就像口味重的人，常常忘了食物的原味是什麼一樣。

然而，要放慢速度，不是這麼簡單，因為我們很容易回到舊有的生活模式中；因此，在一個自我知覺的情境下，刻意去練習是比較可能的。譬如，給自己一段時間慢慢走路、慢慢吃飯、慢慢洗澡，甚至坐下來想想自己一天都做了些什麼事，有什麼趣事發生。放慢速度可以是當下發生，也可以是事後的覺察，目的是讓我們知道遊戲在做什麼，同時讓這些過程中的感覺，可以真正被自己認識到。

有些人在剛開始練習放慢速度時，會不知所措，覺得自己無所依恃而找不到重心，益發顯得慌亂；所以，常會聽到的是，放假的日子不由自主地又回到辦公室東摸摸、西摸摸，或是喜歡放假，卻把假期仍然排得滿

滿的，連玩樂都得快速進行。現代人，在效率掛帥的情
況下，速度放慢很容易有罪惡感。在此不禁要反思到：
什麼樣的速度，是適合人類生存的？相信沒有固定的答
案。但是想想，如果因為加速，而讓自己流失掉感覺，
喪失人際間感情的互動甚至健康，是否值得？

專注

　　我們平常會把注意力放在外界，而所謂的專注，就
是把我們的注意力收回來，放在自己身上。可是這一
來你會發現，每次當我們把注意力收回來放在自己的身
上時，並沒有辦法斷絕外在環境對自己的影響，腦袋裡
的胡思亂想都跟著來。以至於形成人跟環境之間混淆不
清。專注的目的，就是讓一個人可以慢慢地把自己跟外
界之間有個清楚的區隔，讓自己的注意力，真的可以放
在自己身上，知道自己是怎麼了？即使包括自己在胡思
亂想，都可以知道：「我就是在胡思亂想！」或者當心
情浮動、不安的時候，稍一專注，就知道自己：「我今
天有點奇怪！」心情不穩定，也可以很快就察覺到了！
那就是注意力。注意力如果是在外面，就不容易注意到
自己的狀態，必須讓自己的注意力慢慢回到自己身上，
這個過程是需要練習的。

　　現在有很多人在練習靜坐，我想，有些目的是一樣的，就是希望把注意力回到自己身上，然後讓自己在一個自我知覺的情況下，慢慢放鬆、平靜、專一。其實，專注是希望把對別人的注意力回到自己的身上，目的是要了解自己的狀態是什麼，當了解自己的狀態是什麼，才能方便於下一步跟外界做什麼樣品質的互動，什麼樣品質的交流。它的功能是用來察覺自己，進而駕馭自己。

　　人在習慣「專注」以後，會很快的因為注意力回到自己身上，而讓自己安靜下來。當外在環境浮動不安時，只要注意力一回到自己身上，平靜下來，再看外在環境，便不會受這麼大的干擾。也就是說，我跟外界環境之間，不會混淆不清，我是我，環境是環境。而我怎樣加入環境呢？我可以重新思考、重新決定。自己可以很清楚地知道：我要的是什麼？而不會不知不覺地隨波逐流，事後再來懊惱。

　　一旦人靜下來，仔細省思自己與環境之間時，會有很多新的發現，這個新的發現，就是我們可以擴大知覺的部分。人在跟環境混淆不清時，因為看不清楚，所以裡面有很多的迷，一旦你可以看清楚自己與環境的狀態時，你覺得耳聰目明，訊息進來了，你的判斷、解釋、分析，都可以不迷，能以一個比較客觀的狀態來看待，

你所出現的判斷，也就不會那麼急躁。

　　有一次，我參加國外的一個工作坊，因為受訓的人很多，我就找了一個機會，跟那個老師一起吃飯。他的周圍已經坐了一些其他的人，這些人我都不認識。有趣的是，我在吃飯的當時，正在實習一個課程，就是訓練自己做一個瞎子，眼睛一整天都矇著，然後去做所有的事情，包括：吃飯、上廁所、睡覺……。所以那一桌吃飯的人，只有我是矇著眼睛。

　　老師臨時出了個題目，讓我猜猜坐在我對面的一男一女長得什麼樣子，我就煞有介事地認真猜起來，接著我聽到驚呼，原來我猜對了。接著老師又要我猜他們是什麼關係？是為了什麼來到這樣的一個工作坊？我猜，那兩個人是男女朋友，他們的互動關係出了一些困難，同時我把困難所在也說出來。當我說完以後，那個女的就開始尖叫，她說：「我到這邊來，想盡辦法掩飾這些東西，居然被妳一個瞎子給說出來了。」當她有這樣的反應時，我非常非常地驚訝，我說：「怎麼可能呢？」

　　後來老師告訴我：「人在安靜而專注時，跟人的互動不一定是靠語言的。」又說：「妳可以藉著專注使自己平靜，而感受到那個人內心的波動，當接受了這個波動，就可以把它讀出來。可是，如果自己沒辦法專注，沒辦法安靜的話，妳自己就屬於一個混亂的狀態，當然

讀不到了。因為管理妳自己的混亂都來不及。」

　　這一課對我來講非常重要，因為這就是一個敏銳的過程，在專注的同時也帶出很多很多的敏感度。可是當你要進入專注時，也得面對如何去處理自己，讓自己的那一些胡思亂想，可以慢慢地減少，讓自己逐漸進入一個安靜的狀態。這時，你心裡面一些負向的、正向的、煩惱的情緒、牽腸掛肚的事情，都要各有定位。也就是說，要能讓這些東西，在你的體內找到位置安頓下來，才能夠真正的安靜。

　　所以，我在聽人家說話時，總要把自己做一個調整，調整到自己是一個安定的狀態。於是我可以用這安定的狀態去接觸另外一個人，再試著讓自己去接收這個人所有的狀態和訊息，這是一個漸進的過程。在這個漸進的過程裡面，關鍵就是專注，專注地讓心中的種種思緒和情感有個定位。因此，平靜並不是消滅它們，因為有些內在狀態，是沒辦法消滅的。你愈想消滅，它就愈大，倒不如就讓它安靜地擺著。先聽別人說話，聽完了以後，找個時機，再回過頭來看自己。

　　在這樣的一個練習過程，給我自己帶來了一個很大的好處就是，當我把自己的種種放在一邊時，比較容易進入到對方的世界，去經驗對方的經驗，這一部分對我來說，也是一些新的學習，等到我再回頭看自己時，好

像便有些不一樣了。

　　在我大學畢業時，曾經有一位老師送我一句話：
「妳需要練習專心聽人家講話。」這一句話我一直都記
得。大概從那次以後，我就開始注意練習專心聽人家講
話。可是在這個過程當中，我發現我的收穫不止是專心
聽人家講話，而是學習到如何安頓自己之後，對自己的
幫助與收穫。

　　同時，這樣的一個專注，也開始讓人去反省為什麼
有的人會緊緊地捉住自己的煩惱不放，或者是無法讓自
己安定，那背後都有它的原因在。同時也問自己，為什
麼要控制自己控制得那麼緊，自己的思緒和情感是別人
幫不了忙的，除非自己願意放。而且，「願意」放掉到
「能夠」放掉，就已經是一個轉化的過程，其間包括了
多少的改變和成長。

　　然而，在練習專注時，最大的敵人就是一心二用，
或者是一心數用。身為現代人，一心數用可能是生存的
好條件，但是卻成為我們與環境之間混淆不清，不易區
隔的原因。如果能逐漸練習到一心一用，專注與平靜才
可能發生。同時，專注與速度、放鬆是一體的。因為專
心吃飯，速度自然放慢，再加上放鬆地覺察，一餐飯吃
下來，自然美味可口。

　　還記得我在參加禪修訓練時，學到一種方法叫「經

行」，一方面可以放鬆的走路，速度很慢，同時把注意力全部放在自己身上每一個細微的變化，只覺得自己的身體真是牽一髮而動全身，突然間覺察到自己，是一個完整的人，而不是頭想頭的，腳走腳的。這個經驗更讓我肯定專注、速度和放鬆是一體的。

空間

人在覺察的狀態下，出現的是什麼？是空間。因為你會發覺到人跟人之間的關係，沒有那麼緊張；你跟自己，沒有這樣多的掙扎；你對別人，也沒有這麼多的批判，這都是因為有空間的存在。空間，在人際關係的互動裡面，是非常重要的一個觀念。

可是我也常常在想，因為我們給自己「空間」之後，大概才會給別人空間，這個空間是來自於自己可以給自己的。人們常抱怨別人不給自己餘地，換個角度來看，自己怎麼會讓自己落到別人不給自己餘地的地步？事實上，這個餘地就是空間。

這裡所謂的空間可以是有形的，也可以是無形的，而我想強調的是無形的心理空間。我們可以用自己豐富的想像力，在速度放慢時找到空間，在專注時找到空間，在放鬆時找到空間，在這些空間內，讓自己能真實

而自在的存在，用自己柔軟而平常的心情去面對，人自然會平和，與環境之間的對立自然減少，關係也就流暢了。

　　我常想，一個不給自己空間的人，比較容易看人不順眼，自我防衛也必然比較多，人際關係自然就緊張，而自己心裡自然不舒坦。可是卻不知道是自己和自己過不去，就像從來不知道「鬆」是什麼，所以就永遠不會認識「鬆」。但是如果開始放慢速度、覺察自己，這時空間出來了，進而認識到自己的「緊」，想辦法學放鬆，空間就擴大了。同時，種種的知覺甦醒過來，專注地發現自己有這麼多知覺，此刻空間就像個溫室，有生命的滋生與成長。

　　空間，讓我們第一個受惠的就是，使自己比較舒坦，接著跟你相處的人就舒服了。我覺得我身邊緊張的人實在太多了，人是對照的，如果你尚未發現緊張大師，那就得小心了！因為，可能你自己，就是最緊張的。如果，有過跟緊張大師一起過日子的人，就知道日子有多難過！所有的事情都是那樣緊張，那樣壓迫，那樣沒有轉折的餘地，好像不這樣做就會死掉，不給自己留空間，可是事實上不這樣做會死掉嗎？當然不會。有些人不緊張、沒有壓迫，事情也沒有少做，與人的關係也挺和諧的，我想，空間是一個重要的關鍵。

　　有一回，我妹妹說她要拜我女兒爲師，她要學習怎麼樣可以輕鬆地過日子。我就問她爲什麼？她說她發現我女兒的日子眞好過！她就提起了某個星期天的經驗：她要帶我女兒去看早場的電影，我女兒只在前一天提醒她：「四姨，我有上鬧鐘喔！明天早上我們要記得起來看電影。」電影好像是十點多，她的鬧鐘撥九點半，可是她九點半起床以後，也沒看到她匆匆忙忙的，她就是很自然地刷牙、洗臉、穿衣服，一切就緒後就說：「走吧！」我妹妹便問她：「妳不吃早飯啊？」她胸有成竹地說：「到戲院買個三明治就好了！」

　　買完電影票之後，我妹妹又問她：「要吃什麼？」戲院門口有家「美而美」，我女兒就說，她要一杯奶茶、一個總匯三明治，還要一個肉鬆三明治，要了一堆東西。我妹妹就問她：「吃得下啊？」她說：「吃得下啊！已經都十點鐘了。」很自然的，一點都不受時間所影響。他們進去看電影，我女兒笑得天翻地覆，好像整個戲院裡面，就只有她看得最好笑。最後，她東西吃完了，電影也看完了。我妹妹說：「我眞是佩服得不得了！」電影看完以後，已是中飯的時間，我女兒就對她說：「四姨，可不可以不要在這兒吃飯啊？」我妹妹就問她：「那我們要去哪裡吃呢？」她說：「有個地方有很好吃的東西，我帶妳去！」她就帶她逛啊逛，吃了一

些不常吃的東西，然後回到家裡，二、三點了，她跟我妹妹說：「好累喔！我去睡一個覺好了！」一覺睡起來五點了。

那個禮拜天，給我妹妹一個非常深刻的印象，一個小孩怎麼日子這麼好過？問她功課寫完了沒有？她說寫完了，因為第二天要去看電影，所以前一天就寫完了。

由一個小孩的生活，反觀成人世界，大人的生活太緊張，自我要求太多，然而一個小孩，她專注於她的每一個行動，清楚地知道自己要什麼，也知道自己的優先順序，因而能從容不迫地完成了許多事，雖然在成人的觀念中，會認為小孩因為天真，沒有責任而能心無旁騖，但是我常想，成人的牽絆中有多少是自己找的？

我相信一個人能夠專注、放鬆、慢速度過日子，並不代表他的生活資訊變少了。因為，我們有很多的能量花在怎麼樣節省力氣，怎麼樣增加效率，或者是怎麼樣讓事情變得更高明，但是我們也有很多的能量是浪費在緊張和迂迴上面。到頭來，可能還是回到原點。

有一位朋友曾到德國接受資訊科技的訓練，他認為德國人做事是專注的、不疾不徐的，但是簡單而又按部就班。看起來他們並不怎麼忙碌，可是他們的科技是走在時代尖端。他回國以後最想維持的一件事情，就是怎麼樣讓自己在一個混亂的環境下，維持一個清新專注的

頭腦，不要浪費精力，然後他可以很精準地去做自己認為重要的事情。

我想，這樣的狀況，就需要有個空間讓自己能沉澱出清醒的大腦和清澈的心情，再去面對自己的事情。而你也才可以看得清楚、聽得明白，對自己所做出來的判斷，才不會太離譜，更不會浪費很多精力，消耗在那個緊張、混亂裡面。

發現

人一有了空間，自我判斷常扮演一個關鍵性的角色；因為，覺察之後，如果還是掉在原來的模式裡面，新出來的訊息，可能很快就會被自己扼殺掉。所以，反而要抱著一種「發現」的態度去面對它。通常，資訊一出來，它可能還不是那麼有效，對你而言，它是需要經過點點滴滴的累積，才可以看出它的效率的。

例如，你要求自己放慢速度時，偶爾忘記了，沒有關係，下一次再試試看。如此反覆提醒，你會發現，上一次五分鐘就忘記了，這一次十分鐘才忘記，這就是發現。

又例如，當一個人在活動中試著專注時，發現自己竟然感覺遲鈍，對許多情境反應的感覺是空白，於是

就批判自己怎麼活成這個樣子；由於，對這個發現覺得很懊惱，以至於讓自己在心理上離開了活動現場，逃掉了。

逃避，只是讓自己失去更多發現的機會，但是持續地試下去，發現就會衍生出許多其他的可能性。抱著發現的態度，並且不在當下立即去判定它的好與壞，是有用的，因為一個新的資訊被判定不好的機率比較大，所以很容易走回頭路。如果我們抱持著「發現」本身就是一個欣喜、一個驚奇的心態，將會驚訝自己有那麼多的發現。由於我們並不阻斷那個發現的管道，於是發現的東西就會陸陸續續冒出來。所以，我們可以自己發現自己，也可以藉著別人的舉動來發現自己，更藉此發現別人，或者是發現人我的關係怎麼樣了！所有的事情，都可以發現。

發現裡面所隱含的意思就是，它好像有一些改變的可能在裡面，只是我們還不肯定它是個改變時，你只要用發現的心情去面對它，它就會逐漸地累積，總有一天，就可能會變成一個很具體的改變。

我有一個比較特別的經驗。在一個不算陌生的環境中，有個機會讓我單獨地住了十天，十天當中就是完完全全的自己一個人，買東西、作飯、照顧自己的生活起居、看書、運動，完完全全自己來。我起先會為我自

己有這樣的一段時間，感到非常地興奮。我的興奮是不必跟人家講話，這實在是一件太美的事情！因為我的工作，需要很多的時間講話，再不然就是聽人家講話，這時終於有一段時間是不必聽人家講話，也不必自己講話或與人互動，是個很好的休息。

　　頭一天，沒有人講話，怪怪的。因為，我不喜歡看電視。頂多聽聽音樂。在那裡，我不開電視，也不聽音樂，就這樣很安靜的一個人。偶爾會聽到外面有人走動，或者是游泳池裡面有小孩在那裡嬉笑。我想要弄清楚，這個怪到底是什麼？結果到了第二天，我就發現，那怪怪的裡面其實是一份孤單，因為很久沒有這麼孤單過，這是一個發現。於是我就問自己，那個孤單裡面有沒有自憐在裡頭？可是發現孤單，但是沒有自憐，這也是個發現。當發現孤單而沒有自憐，就想要多嘗試一下還有什麼發現。結果到了第三天，就發現長久以來，自己已經沒有這麼輕鬆的可以跟自己做伴。當我發現這個時，我就會自問，在這樣的一個空間裡，跟我做伴的是誰？是我自己！這是個發現。跟著而來的是，我要讓自己做一個什麼樣的伴呢？於是我就開始考慮這個伴的品質了。

　　頭三天一連串發現下來，後面的那一個禮拜，我的日子非常的享受，我就是很專心地跟自己在一起，做

每一件我做的事情，從那裡面去吸收我當下的感覺是什麼。在察覺那個當下的感覺時，會發現孤單裡面，給自己帶來很多的富足感，很舒服、很愉快。等到這樣的日子快結束時，就有點捨不得了。因為，覺得將有別人要介入自己的生活裡面！這樣的單獨生活不曉得什麼時候才會再有？

可是，當我發現自己的不捨時，心裡就在想，難道說一旦有別人介入我的生活，我和自己作伴的這部分就會消失嗎？此時我發現，我的答案是不一定。只要我自己願意，這個部分是可以維持的，至少在心裡可以有這個空間。尤其是當我回來以後，我發現那段生活過程，對我來說非常重要。因為，我在不停地發現自己的過程中，找出了一個很重要的部分就是，不管是在人群中，或是在一個孤單的狀態下，我知道我是自己最重要的伴。

生活裡面的豐富與滿足，都是自己可以去開創出來的，不全然要依賴別人來獲得這些東西。我認為這在自己的心理成長上，是一個很重要的過程。這就是一連串發現的結果。

我相信人開始願意抱著一種發現的心情去察覺自己時，這樣的歷程都會發生。只是你發現的東西不一樣，對所發生的影響也不一樣。但是，如果在一開始發現自

己的孤單時，就忙著去可憐自己的孤單、去批判自己怎
麼落到這步田地的話，大概就馬上忙著出去找朋友，而
不會有這麼一連串的發現了。

好奇與了解

在我們忙碌的生活裡，如果可以運用前面的那些概
念，然後慢慢給自己增加發現的部分，即使生活再忙
碌，藉著這些發現，我相信也能夠有很豐富、很滿足的
感覺。可是藉著這個發現，要再附加的就是，必須對你
自己好奇：我怎麼去解釋這種感覺？我對這種感覺的感
覺是什麼？當你走入自己的冰山，你的覺察會愈來愈
多，這就是好奇的部分。

我相信「好奇」是人類在了解自己和別人當中，非
常重要的一個原動力。你為什麼這樣？他為什麼那樣？
為什麼我長成這樣？為什麼他長成那樣？為什麼我們之
間的關係是這樣？很多的為什麼，會使你產生去找的動
機，可是找到了這些理由之後，你必須有勇氣去面對。
尤其是在面對自己時，會發現一些自己很真實的部分，
它不如自己想像中的那麼好，它可能讓你無顏以對，就
又逃掉了。

人通常有三個部分：一個「理想中的我」；一個

「眞實的我」；還有一個是「社會的我」，就是別人怎麼看我。這個「社會的我」，有時候會變成一個在中間評斷的媒介。每當我們去發現「眞實自我」時，會覺得好像跟「理想自我」有點差距，那時，就沒有勇氣再往下走了！可是我想說的是，在那個沒有勇氣裡面，我們在其間還是出現了評斷：覺得自己不夠好。

　　在此我希望大家能回到「發現」那個地方去，就是發現了一個「眞實」，少給它評斷，或者是慢一點給它評斷，讓自己有多一點的勇氣，再往下走走看。

　　我非常相信，人對自己的「了解」愈來愈深，他會愈來愈「愛惜」自己。可是當我們對自己的了解走到某個「瓶頸」，通常也是最討厭自己的時候，爲什麼呢？因爲走到半途走不下去，通常是被那個害怕給卡住了！而如果你鼓足了「勇氣」，再往下走一點，才會愈來愈看見自己的「統整性」，駕馭自己的「感覺」才能油然而生。這時，對自己才會更「接納」，愈來愈喜歡自己。

　　因而，這條路是曲曲折折的，其中可能會面臨氣餒、害怕、討厭、不安，但是如果給自己加一點勇氣，多跨一步，就會發現，原來還是有點喜歡自己的！尤其更值得自己佩服的是，居然這麼勇敢地走過來，這是一個「自我實現的歷程」。

　　「覺察」爲我們帶來「了解」，然而由了解走到「接納」是有一段距離的。有的人了解自己之後，只是比較敢去面對，可是真的要走到接納，那個自我狀態應該是可以被呈現，而且不被情境所干擾的。我覺得自己哪裡不好，我雖然仍會評斷自己，可是我接受了，當別人說我不好，我不會覺得有多難過，因爲我「目前」就是這個樣子，我可以接納這些東西。

　　你會發現，「接納」有時候會帶來轉機，「了解」卻不一定。那個情形就像，如果你一直認爲自己很醜，不滿意自己的長相，就會想盡辦法去美容、整型，不敢以真面目來示人。可是如果你長到某一個歲數，或是你經驗了某些歷練，你覺得自己的長相雖然不挺美，可是自己還看得順眼，這時，你用自己的面目去面對別人，別人就算覺得你醜，你也會自我解嘲，不會太在意。

　　「相隨心轉」，當你開始肯定自己、接納自己，將會發現，因爲心裡的安定、自信，慢慢帶出來的氣質自然清新。此時，美醜不再重要，因爲成長的焦點，已經跨出了一大步。

　　同樣的道理，我們對於環境中的其他人也是一樣。今天有一些人你可能很討厭他，可是你帶著好奇與勇氣去發現自己、發現別人，經過這一個擴大知覺的歷程，了解增加了，發現這個人本來讓你討厭的部分雖然還是

存在，但是，由於自己好奇自己為什麼討厭，於是對自己另有一些發現，這兩種作用加在一起，接納就可能出現。

同時因為你對他其他部分了解了，所以你接納了這令你討厭的部分，當你接納他之後，那些討厭的部分不再令你那麼討厭，這是一個奇妙的轉折。所以大多數的時候是，如果你一直固守在那個選擇性知覺，事情的轉機比較不容易看得見。當你經驗過一個「覺察」歷程，擴大知覺的範圍之後，事情反而帶來轉機。因此，我們在跟人互動、溝通時，並非事情有轉折的餘地，而是因為互動、了解與接納增加了，人也改變了。

「覺察」與「溝通」是互為表裡的，當你的覺察做得好的時候，會發現你的溝通進步了。同樣的，某些人的覺察能力雖然比較遲鈍，但他透過溝通的歷程，也可以進入覺察的部分。因為溝通是和人的互動，人是鏡子，當你在和別人互動時，別人的反映反射到你的內在世界，這一部分便開始產生覺察，所以這兩個動作是同時發生的。

認識與習熟

經由溝通，認識自己的理性與感性；
藉由純熟，讓自己的EQ與IQ趨於平衡。

表達自己，了解別人

　　我們知道，溝通包含了兩個部分：一個是自己與自己內在的溝通歷程，覺察的目的是為了了解自己內在的溝通歷程，因為這一部分通常是看不見的；另一部分就是自己與別人互動的歷程，這一部分則是看得見的。所以我們會發現，溝通背後運作的過程其實很多、很複雜，在那麼多複雜的過程裡面，在溝通的每一個動作之間，我們做出來的只有一件事情就是，把自己表達清楚，然後藉著表達，或是藉著跟別人的回應之間產生互動。

　　在那個互動裡面，我們讓別人了解我們，也讓我們自己去了解別人，這是一個互相懂得的歷程。

　　可是這樣一個互相懂得的歷程，要真能全懂，不是一件容易的事。我們必須把這個動作拆開來看，或許可以一點一滴地把「溝通的全貌」抓住。

　　清晰地表達自己，是互動中十分重要的部分，想要表達自己的哪些意思，或想要表達到什麼程度，都是自己可以掌握的，而其精確的程度就要靠「覺察」來掌握，這就是為什麼我們需要花這麼多力氣來說明覺察。如果掌握自己的表達清楚到某個程度，我們才有信心「把自己說清楚」。

　　有時候，我們以為自己說清楚了，但其實仍然有很大的一部分是模糊的，責怪別人聽不懂或聽錯，往往因而引來一些誤會，這是很得不償失的。因此，把自己表達清楚，是每個人在互動中的權利，也是義務；因為，我們能掌握的，就只有自己如何表達和自己如何懂得別人，而對方要如何懂得、如何表達，都不是我們可以控制的。

　　不論覺察或溝通，都必得由「自身」做起，由於自己能力進步，才能使彼此互動的品質更好。如果期待對方的改變，來符合自己的心意，無異緣木求魚。

感官

　　首先要談到感官。前面曾經提到選擇性知覺，也就是我們的感官，是被我們的經驗所控制，因為眼睛看見的、耳朵聽到的，可能都是片段的東西，有我們自己的選擇性在裡面。大家也許曾經玩過一個遊戲，就是傳話遊戲，遊戲內容就是，大家都聽從一個人解說，各自將聽到的解說畫在自己的紙上，事後再來核對彼此所畫圖形是否一樣，結果常常是全然不同或有些微出入，雖然每個人聽到的都一樣，但是每一個人都會出現不同的接收方式，和不同的解讀訊息方式，畫出來的圖自然就有

所差異了。

　　所以我們會發現，所有的資訊透過感官進入腦袋時，其實早就經過自己的過濾了。而感官系統本身受了自身經驗的影響，往往是有誤差的。因此，我們通常在跟人家談話、互動時，撿選起來的訊息極有可能是局部的，也就是當訊息經過感官時，就已經有些東西漏掉或者被扭曲了。原來以為聽到的是這樣，所以畫下來是這個樣子，可是事實上表達的人在表達這幅圖時，並不是這個意思。

　　雖然，很多人都說「眼見為憑」，其實眼見是很難全信的；因為，我們以為眼睛會一覽無遺，可是往往在一覽之間很可能不但有東西掉了，而且有東西變了。人的眼睛看見的東西、耳朵聽到的東西、感覺到的東西、或是鼻子聞到的東西，基本上可能都是有偏差的，也就是我們的「感官」受到經驗的影響，而產生了選擇性知覺。

　　當你的感官接受到訊息之後，一進入腦袋，你的腦袋就像電腦一樣的開始解讀所有的訊息，而每一個人解讀的方法都有他的獨特性，你可以說這裡面有你的價值判斷，你可以說這裡面有你的好惡，你也可以說這裡面有你的主觀經驗在。

　　也就是說，我們的大腦是獨一無二的，所以你做出

來的判斷也是獨一無二的。可是你會發現，人都有一個信念在，我們的信念是，如果這個事情只要是對的，應該只有一個答案，而如果自己的答案是對的話，那別人的就是錯的。只要跟自己不一樣就是錯的，我們很容易做出這樣的思考推論出來。因為在我們的成長歷程當中，大部分的人，對於是非、對錯，都已經形成了直線性思考。

　　所謂的「直線性思考」指的就是，一個人對於是非對錯的判斷，有它的單一因果關係在。我們今天認為什麼事情這樣是對的，那跟這個不一樣就是錯的，這個事情的發生，如果因為這個「因」而造成了這個「果」的話，那這個因，就不可能造成其他的果，這是我們熟悉的一種思考模式。在這種思考模式之下，常常就會出現「二分法」，這個二分法，也就自然而然成為我們在判定是非對錯時的一個習慣。

　　我大女兒小時候看電視，一定會問我：「媽媽，這個人是好人還是壞人？」後來換到小女兒，也會問大女兒：「姊姊，這個人是好人還是壞人？」然後大女兒就會說：「壞人啦！我告訴妳，這個是壞人啦！沒有看到這個人長得一副壞人的樣子。」這都是我們腦袋裡一種知覺系統，連我們的媒體都按照我們這個知覺系統在運作。這時，我們的整個知覺系統就被增強，我們的腦

袋裡面也會很清晰地知道什麼是對的、什麼是錯的，然後大家都認為是對的事情，如果跟這一個不一樣，就會被認為是錯的。在這樣的判斷下，對於感官所接收進來的訊息，我們就會很快做出判斷：什麼是對的、什麼是錯的；這個東西我喜歡、不喜歡；這個人是好、是壞；什麼東西是黑的、白的……，我們很自然而然的有所區分。這個現象跟我前面提到的，人類行為平衡裡的外在評價系統有很大的關連。

由於有了上述的解讀過程，再加上直線性思考的訓練，感官在接收訊息時，往往是片斷的，不自由的，是無法擺脫控制的，也就是感官本身並不是單獨存在的，於是我們常常忘了感官其實是可以不帶批判地，單純地存在著。

在這樣的直線性思考狀況下，大腦立即做出判斷的同時，跟著而來的就是我們的感覺。為什麼？今天如果你判斷這件事情是錯的，或是你判斷這個東西是臭的，或是你判斷這個人是討厭的時候，你的感覺就跟著出現了。

不只是你的大腦在作用，你的感覺系統也跟著開始運作起來。你看到一朵花，眼睛看花只是一個很單純的作用而已，可是這朵花一進入你的腦袋，你就會跟過去的經驗開始比對，你的好惡、喜歡，你曾經接觸花的

經驗是什麼……。雖然，那個比對的過程你不是非常清楚，可是它就是很快速的在運作，而當你看到這朵花時，感覺也就跟著出來了。

例如，大家同時都看到一束花，但因你的主觀經驗不一樣，你在解釋這一束花時，就有不同的解釋方法：花的組成、花為什麼這個樣子、它的結構是什麼、你怎麼去解釋它？解釋完了以後，跟著而來，你的感覺就出現了；所以，你的感覺通常是伴隨著你的解釋而來的。那情形就像，你看到一個人長得很亮麗，於是你判定她是一個幹練的人，然後你的感覺就跟著出來了。

但這裡面可能是非常分歧的。首先，感官接收訊息，就已經是非常分歧的。正如大家同時聽一個人解說一個圖形，結果發現大家畫的不太一樣，原因是感官接收訊息的部分已經不太一樣，而每個人的解釋又不同，所以呈現的自然有差異。每一個人在看到一個現象，或聽到一些訊息，也就是他的感官接收一個訊息進來時，如何用他的腦袋去解釋這個訊號都是有所不同的。像有的人就會把一束花解釋成是新娘捧花，有的人覺得就是普通的花，也有的人會在這個過程裡面，分析這個花的結構怎麼樣，這個花的造型如何？也有的人會分析，這束花如果是新娘捧花，這個新娘子應該是年輕的……，這些說法的背後都有它的理由在。

　　所以，感官其實是我們接收訊息的尖兵，但是這個尖兵是無法單獨作戰的，它的背後，有個主人在掌握它的意義性，這個現象呈現了兩種十分基本的層面：一種是透過感官的接收訊息，那是人類創造的各種意義、信念和主觀經驗；另一種，則凸顯了各種意義、信念和主觀經驗的差異性。

解釋

　　用什麼樣的方法或角度去解讀感官接收進來的訊號，這裡面充滿了對一個現象的信念、價值觀或規則。其實就是屬於自己的知識體系，由自己的知識體系裡面可以產生分析架構。然而，我們會發現，常常當解釋、分析、判斷或認為出現的時候，很容易呈顯一種情況，以為自己的說法會和大家一樣。所以，我們在做這樣一個判斷時，就容易掉到直線性思考裡面，認為自己是最對的，這時，只要跟我們有不一樣說法，不一樣解釋的人，都會讓我們感到驚訝：他怎麼會有這樣的想法？他怎麼跟我不一樣？可是如果僅把它當作是一個不一樣來解釋也就罷了，很多時候，我們會把和自己不一樣當作是錯誤的。

　　有相同見解的人，比較容易相處。然而人最大的學

習，其實是在學習容忍差異；因為，一旦跟我們有差異、不一樣出來時，我們就容易掉到直線性思考的陷阱裡，直接判定別人是錯的，而比較沒有辦法把這些跟我們不一樣的資料，當作不一樣來面對。於是和我們不一樣的部分，就比較不容易被我們所欣賞。如果互動過程帶來一些負向感受的話，差異就會被判斷為不好，這時就比較難從這個僵硬的關係裡面重新去學習，出現轉機就會比較困難。

　　所以，人與人之間，剛開始時，相同的人容易相處，差異很大的人比較難在一起，可是，相同的人相處一段時間以後，它的差異還是會出現，為什麼？人本來就不一樣，我們如果放到夫妻關係上，或是一些工作合夥的人身上，當初大家志同道合，可以同甘苦共患難的，走了一段時間以後，卻出現了分歧！這時我們會做出一個判斷：當初我認人不清，或者是自己瞎了眼睛，或者是對方變了……，這些結論，事實上，都是跟著前面的過程所下出的結論。我們都比較不能在個全面的，而且平實的狀況下，非常貼切地把自己的狀況跟對方的變化聯結在一起，去做核對，於是對方在這個過程的變化你不知道，自己的變化對方也不知道，等到有一天走到那個地步時，大家都覺得受到傷害。

　　這是一件很困難的事情。因為只要是人，時時刻刻

都在變，我們單單從生理的角度來看，你一天的細胞就不知道死掉多少，又產生多少，只是它細微到你沒有辦法去覺察它。

我們對於自己的「解釋」部分，是否能夠清楚？今天做出這樣一個解釋時，背後受到一些什麼樣的經驗影響，有一些什麼樣的知識體系，而這些東西又如何影響我們的價值觀：什麼是對、什麼是錯？然後，我們會按照自己的價值觀，先後順序產生我們的感覺。當你對一個人產生正向判斷時，跟著來的都是些正向的感覺；當你對一個人第一印象產生的是負向判斷，跟著來的都是負向的感覺，如果你要轉變它就要費一些力氣。

這裡你可以看到一個現象，人的二分法，抹殺掉自己很多的生路。而我認為抹殺掉最大的一條生路就是：不容許自己的判斷過程模糊不清或是多元，也不允許自己的感覺是矛盾、衝突的。這樣的中間地帶，在溝通裡面常常是存在的。

我舉個很簡單的例子，當我問：「今天中午你要吃麵還是要吃飯？」通常你的回答是：「隨便，都可以！」其實這個「都可以」裡意味著什麼？如果你再把這句話說得清楚一點：「我可以吃飯，也可以吃麵。」那是否有人要問：「如果吃了麵，還可以再吃飯嗎？」其實是可以的，但有沒有人吃了麵之後，再吃飯呢？或

許很少。

　　人活著的功課之一是做選擇，二選一或多選一，而且當下就要決定，於是你就慢慢變得不允許自己處於中間地帶。可是如果你問小朋友：「要吃麵或吃飯？」他一定想半天不告訴你：「你心裡到底想吃什麼？」有一次我問女兒，她回答：「我還沒有決定我到底是要吃麵還是要吃飯！」那時大人就會生氣了：「我問半天你居然還沒有決定！」於是小孩子就會被催促去做出決定來，但這個決定最好是恰當的、皆大歡喜的，否則這一頓飯的氣氛可能就不太好了！

　　我覺得最近的青少年語文裡，出現了一些混淆的、矛盾的東西，在我看來是一個滿好的現象，就像「有點黏又不會太黏」，更早些時候是什麼「晴時多雲偶陣雨」，還有就是「有點酷又不太酷」。我的學生曾經告訴我，這種混淆，表示事情是在一種混沌的狀態，還沒有做出最後的決定。因為我們通常都是要求自己，很清明的當下立即做出判斷選擇，彷彿這樣才是明智的人，於是乎這些中間地帶就被忽略了。可是中間地帶是個過程、混沌不明是個過程，我們有沒有空間讓自己在那一個混沌不明當中也可以做表達？也就是把自己的混沌不明，也表達出來讓別人明白。

　　這裡其實牽涉到環境的允許度，當下做出合適的選

擇是社會所推崇的，如果一個人表達自己的左右為難，可能會被視為無能，我們可以由此看到外在評價系統的影響力。然而，若我們以人為本位的立場來看，會發現與其讓人的成長在混沌不明中造成扼殺，不如騰出空間來允許自己腳踏實地的走過混沌不清，讓人有一個清明的成長歷程。

　　在這裡我想舉一個例子。好幾年前，一對夫妻因為吵架吵了好幾年，就開始鬧離婚。夫妻倆白手起家，自己創業，所以工作得很辛苦。剛開始兩個人是非常親密的夥伴，在工作上合作無間，可是當他們的感情慢慢惡化以後，雙方其實都曾經想辦法挽回，也不是說哪一方有了什麼外遇、第三者，就是感情不知不覺就淡下來。為了自己公司的事，有時候兩個人吵得不可開交，所以他們就覺得與其這樣不如拆夥。

　　而那個先生就想，如果太太不再管公司的事情，可能夫妻關係可以單純一點；可是這個太太不肯，她覺得這個公司是她跟先生兩個人辛辛苦苦創立起來的，有她一份，為什麼要她退出，叫她專心做家庭主婦？所以，她也很不開心。兩個人就在這件事上吵鬧不休。後來，發生了一件很有趣的事情，太太為了想辦法挽回他們的關係，常常在週末對先生說：「今天下班以後，我們兩個人一起出去吃個飯吧！」做先生的也答應了，兩個人

就出去吃飯。就在離他們住家不遠有一家海鮮店，先生說：「不要走太遠，我們就在這家吃好了！」太太也附和著：「好哇！」之後連續好幾個禮拜的週末都在那家吃。有時候是先生提起，有時候是太太提起，結果就一直沒換過飯店。他們在我的面前爭執時，就把這個話題提出來。

　因為，每一個人當面臨到關係即將破裂時都會想到，我曾經為這個關係做出什麼貢獻，想要扳回一局。這個太太就說了：「每一次我們說要一起出去吃飯，他都會說要到那家海鮮店去吃，我都沒意見，因為我以為他喜歡吃！」而先生覺得非常冤枉，他說：「因為妳說好，我以為妳喜歡吃！」由這樣的對話來看，兩個人會常常去那一家，事實上都是因為對方才去的，這就是腦袋裡面的那個解釋的部分。太太在解釋為什麼要去那家店時，她以為是先生喜歡吃，可是先生卻認為是太太喜歡吃，於是兩個人都在互相自以為是的狀況下，在那家海鮮店吃了好幾個週末的晚餐。

　人跟人之間，這麼小的一件事情，往往可以帶來一個很大的誤會，其中的癥結，就在於你對這一個人的行為或是訊息進來時，你的解釋過程是什麼。所以，溝通過程是否清楚是很重要的，因為隨著大腦的解釋，太太其實是心疼先生，但是先生也在遷就太太，在那個願

意配合裡面，其實是充滿了討好的、委屈自己的。雙方不吃自己想吃的，而願意陪對方去吃，可是這份心意沒有被讀到！因此，人們在解釋時，很可能有自己的善意在，可是因爲對自己的解釋過程不清楚，再加上沒有清晰表達，感覺就被壓抑下來。互動中傳達的訊息是片面的，當對方接收訊息再解讀時，原有的善意經過這麼多轉折，就很容易被扭曲掉了。

　　有時候，解釋其實充滿了自我防衛。有些人爲了給自己的行爲找些好的理由，於是用這個解釋的過程來說服自己，也說服別人，事實上，人如果藉著互動來了解或探索自己的防衛，將會是一個很好的機會來面對自己眞正的需求，因爲一個固定而又僵化的解釋背後，必然有自己的生存所需，就看我們有沒有勇氣去面對了。

　　當解釋不同時，反應固然不同，但是即使解釋相同，反應亦有可能不同，所以明白自己的解釋從何而來很重要。但是解釋或解讀的過程，要說清楚並不容易，至少在自己所知的範圍之內就不易說清楚，因爲我們會對自己的想法，習慣性地視爲理所當然。此外，我們自己所知的範圍，又跟我們在前面談的那個互動的冰山有密切的關係，還有和我們常常玩的遊戲也有相互的關係。

　　有時候，你不了解自己的冰山，所以對某件事你爲

什麼這麼認為，也許自己都不很清楚，或者因為自己並非那麼明白自己是在這樣的一個模式中互動，或在這裡面玩遊戲，於是你的解釋就自然依慣性而產生了！有些什麼其他的解釋你也不知道。所以，在解釋的部分，是否能夠很清楚地讓自己完完全全了解，自己的解釋是怎麼來的，它本身其實就已經是個值得探究的部分！

感覺

「感覺」是伴隨著自己獨特的「解釋」而滋生的，所以感覺是因人而異，也因解釋不同而有差異，甚至還有程度的高低。有一些人，碰到不順心的事情會生氣，但氣一氣就過去了；可是有的人，卻會記一輩子；也有一些人，他對愉快的事很容易忘記，可是對痛苦的事都記得！

像我兩個女兒常鬥嘴，我問小女兒：「兩個人一起，妳覺得好不好玩啊？」小女兒告訴我：「不好玩！」因為她們剛剛吵完了架。我又問她：「妳跟姊姊不好玩的地方在哪裡？」她說：「她每次都戲弄我！」我說：「每次嗎？她每次都戲弄妳，對不對？」她說：「對。」我再問她：「難道妳跟姊姊沒有玩得很開心的時候？」她說：「沒有！」一概否認。

　　我就回過頭來問我的大女兒，我說：「這兩天放假，妳過得怎麼樣？」她說：「很好啊！」我說：「妳跟妹妹吵架，不是嗎？」她說：「有嗎？我沒有跟她吵架啊！」她根本不記得這回事。我說：「妹妹說妳戲弄她。」她說：「我跟她玩一玩的啦！」解釋不同，感覺就不一樣了。

　　小孩子的反應是十分直接的，但對大人來講，雖然比較理性，可是這種情緒化反應，大人其實一樣有！所以自然而然你會發現，愉快的事你都記不得，但是一丁點痛苦的事情，或是讓你生氣的事情，卻能記得很久。

　　因此，人感覺上的差異其實很大，如果這些差異透過溝通弄明白的話，了解才有可能增加。否則你會發現，只要差一點點，意義就不一樣了。

　　我常喜歡舉的一個例子是，我在用錢上非常大而化之，因而我看到那些很會計算、處處扣得比較緊的人，其實我都羨慕得很。我一直很希望能夠從這樣的人身上，學到這種能力。因為我在想，那樣我才有可能把錢留下來，否則我的錢，就是這手來了，那手就去了。所以感覺是羨慕和好奇。

　　可是，如果出現的判斷是：這個人非常苛刻，讓自己不太舒服，跟著而來的想法是，和這個人在一起時，最好小心一點。如此一來，防衛的心情就會出來，而那

個感覺是不太舒服的，因為要保持距離，不要太接近，省得糾纏不清。所以，當感覺不同，反應也可能是天壤之別的。因此，把感覺說出來，才比較不易造成誤會。

可是，我們也常常會發現，把感覺說出來好像是一件很難，而且很可怕的事情，因為怕自己會受傷，同時會傷人，一旦你把感覺說出來，卻傷了人，就會破壞人際關係。破壞關係之後，我們需求的滿足就受到傷害，自己就沒有辦法可以享受那樣的一個價值感，甚至對自己在角色的完成上，大概都會有影響。而由於有這層深刻的擔心在裡面，自然而然的，在說自己感覺的時候，就愈來愈退卻了！而且還有一個很重要的原因：我們為什麼不說出自己的感覺？這其實是跟我們的家庭教育有關。

我們的家庭教育裡面，常常給我們一些所謂的「雙重訊息」，例如：對一些未婚女性，做父母親的會說：「這個年齡妳開始要交男朋友了，不然嫁不出去！」或說：「小心一點不要上當，眼睛睜大一點！」這兩個指令，基本上是互相矛盾的，要妳開始去交男朋友，這是對男士的靠近；可是又要小心不要上當，這是對男士的退縮，在這個指令裡面，它的兩個行動是正好衝突的。我們從小在跟人的互動上，接收這樣「雙重訊息」的機會很多。

　　舉一個簡單的例子，長輩們總會告誡我們「逢人只說三分話」，這其實跟我剛剛講的那些是同樣的意思。你見到人要打招呼，你要跟人建立良好的關係，可是你只能夠說三分話。這樣的訊息進入我們的知覺系統，就常會讓我們在跟人接近時，遲疑著怎麼樣才是「進退合宜」，怎麼樣才是恰當。

　　可是這個遲疑並非沒有好處，你可以保護自己，也可以維持一個表面的關係。但問題在於，如果你要在互動當中，真正能夠為你自己的需求，或是為你的角色期待得到滿足，你會發現唯一能做的事情就是把感覺忽略掉，只要說那些安全的部分就可以了，因為把感覺說出來可能並不恰當，而且不安全。其實這個行為是我們從小學來的，因此長大以後，要我們在溝通裡面把感覺說出來就變得很笨拙。

　　感覺本身是存在的，可是要把它表達出來就變成很困難，而且這個困難裡面出現幾個現象：一個是長期以來，在不允許自己有感覺的狀態下，已經不認識自己的感覺了。也就是說，在我們的學習歷程當中，我們已自然而然地把感覺系統切斷了。為什麼？因為，沒有感覺其實是比較好過日子的，而沒有感覺是不是表示不再受傷呢？可能正好相反。沒有感覺的人，如果真的已經不再受傷的話，那真是病入膏肓了。如果，一個人他在

處理自己感覺的策略是把感覺切斷，讓自己沒有感覺，那麼，當他與人之間的互動，再一次面臨傷害，那個傷害還是會在，只是已經用一個切斷感覺的習慣性方式去處理自己的感覺，但這並不表示感覺不在了。而感覺切斷之後，是不是真的切斷了呢？沒有，他只是把這個感覺，整個潛抑下去而已，把感覺潛抑下去，其實對人的身心所造成的影響很大，特別是身體。

當年輕的時候可以承擔，因為身強力壯，隨著年齡增長，影響就愈來愈大。因為，感覺是會在身體裡面留下痕跡的。雖然，在意識當中，好像沒有感覺了，可是這個刻痕，就會吞噬健康狀況。有些時候，被切斷的感覺會因為某些誘因而被引發出來，於是情緒反應十分強烈，甚至讓周圍的人覺得是一種失控的狀態，這時要處理這些感覺，會覺得更加困難，因為它已經累積得很龐大了。

有的時候，情緒的爆發像是有周期性的，潛抑一段時間，就陷入強烈的情緒反應中，周而復始。有的人在願意認識自己的感覺過程中，偶爾會有一些自己不太確知的感覺會冒出來，可是他沒有個名稱給它，所以會發現，我們在用感覺的形容詞時，非常的詞窮，很難把感覺做清晰的描述，因為感覺有時是十分細膩，有時則是隱晦的，因此在面對的過程中會經歷許多挫折，有時也

因為感覺的強烈而衝昏了頭，情緒失控之後只剩下疲憊的身體和懊惱的心情，所以，不論是為了讓「溝通」更清楚，或做好「情緒管理」，去認識感覺，確認感覺這個動作，是十分基本的步驟；尤其是進入「冰山」去了解感覺的背後，有些什麼是很重要的。

當把「感覺」找回來時，才能夠比較清晰地掌握自己的狀態，這樣表達出來的自己是比較完整的，對方對你的了解比較清楚，對於進一步的溝通就更有利了。所以當「感覺」出現時，「解釋」也有了，人們就會開始產生一些關係上的「行動」，可能是靠近一點，或者是疏遠一點。可是，我們平常比較能夠立即看到的都是這個「行動」，而隱含的「解釋」、「感覺」、甚至「感官」的接收這些部分，我們都省略掉了，我們看到的都是表面的互動。因此，我們在互動裡面所看到的，真的就是冰山的一角。

如果說要讓自己的「解釋」清楚的話，深入自己的「冰山」，了解自己的「遊戲」，都是我們要借重的部分，清楚了自己的「感覺」，也清楚了自己的保護是什麼，溝通才能順利進行。

核對

　　溝通本身，其實也是人們在互動當中彼此學習的過程，學習如何表達自己，也學習怎麼樣了解別人。當你有了這麼一個互動的行為出現，別人會因為你的行為而產生反應，通常我們把它叫作「回饋」。我有這樣的行為、有這樣的口語或非口語的動作出現後，別人對我的反應是什麼？於是互動之間或者是溝通之間，就有了所謂的一來一往，在這一來一往之中，我們就會愈來愈清楚。

　　然而，互動當中，因為我們都不知道對方在想什麼，於是帶著自己的冰山和對方互動時，雙方所能弄懂的其實很有限，於是掌握住「對方」的每一個回應，去和自己所產生想法和感覺互相「核對」，藉著核對愈來愈深入，而且清楚雙方的異同，關係才可能因為了解而有所進展。溝通當中，如果缺少了核對，易使關係停頓或誤解。

　　「核對」當中，通常會有兩個部分出現：一個是我對你的說法有些什麼感覺、什麼反應？另一個部分，是表達自己真實的狀態，例如：有人讚美你的成就，你對這個讚美的反應是很高興，也覺得有點不好意思，然而，也想說明，其實這些成就在你自己的看法中是什麼

意義，這就是自己真實的狀態。

　　所以，雙方在任何一個反應過來時，任何回應的一方都有這兩個部分：一個是針對對方的，一個是針對自己的，這兩部分如果都可以回應過去的話，其實在互動裡面，就會愈來愈清楚自己，也了解別人，得到的資訊也會愈來愈多。

　　同時，用這樣的方式在相對互動時，會受到傷害的可能性比較低。為什麼？前面在談冰山的生存模式中，指責的背後其實是有很多生氣的感覺，或者是有很多挫折無力之後的憤怒感覺，我們要把自己的感覺說出去，並不是直接說自己的感覺，我們說的都是你害我怎樣怎樣、你應該怎樣怎樣，都是因為你怎樣，所以我才會這樣。這是不是感覺？其實這不是感覺，這裡面並沒有把感覺和解釋說出來。那該怎麼辦呢？也許可以試著這麼說：「我聽到你說的話，於是我把你說的這些話，做了一些我自己的解釋，我認為這是一種指責，讓我感覺很生氣，而且非常挫折，因為在這個指責裡，我的努力被抹殺掉了，所以也很失望。」你只是在表達自己而已，不是在指責別人，所以這樣的溝通，它其實就跟一致型的存在狀態與應對方式是相互呼應的。一致的意思也就是，怎麼樣跟自己的感受和解釋一致，然後可以充分把自己表達出來，所以生存方式也是互動的方式。

　　表達之後，讓對方有機會一起來核對對方的看法與感覺，對方的反應可能是：「我是很生氣，但是我並不想指責，我的期待是……，但是落空了，所以，我生氣。」

　　「我不知道你的期待是這樣的，我很驚訝，我的期待和你不一樣……，可能這就是我們的差異處，或許……。」

　　這樣的對話，常常會將誤會澄清，而呈現差異，在親近的關係中，由差異處可以去探索差異的來源，而讓互相都有所成長。在工作關係中，差異點正好是可以進一步去協調，並且進入問題解決的過程。

覺察自己是善意的開始

　　在回應時需要去「覺察」的是：我現在「核對」的，是對對方的看法，還是在述說自己的感覺？也就是可以逐漸地清晰判斷，現在我說的是感覺，或者是解釋的部分？是對對方還是自己？這是我們在溝通的過程中，最需要當下去覺察的，否則，我們常常會回應說：「我覺得你這個人實在是不講道理。」用「我覺得」這三個字開頭，但後面跟著的是一個批評、一個判斷，也是一個指責，毫無核對的功效。而且在雙方不明究裡的

情況下，一個判斷有時候就如同對一個人的標籤，很容易引起不舒服的感覺，如果不幸對方真的有不舒服的感覺，也許會隱藏下來，但是回應的口氣就不好，僵局便開始了。

但是人們用「我覺得」開始一句話時，總認為自己是十分有理的，因為說的是自己的感覺，如果此人能當下覺察，發現自己的感覺其實是生氣，才做出了這麼一個判斷，那麼，就可以更深入自己的冰山，可能發現原來自己對此人有些期待在，而對方的行為不符合自己的期待，因而指責就出現了。

此刻，有功能的核對是說出自己的感覺——生氣，原因是自己的期待受到挫折，所以才會有這樣的指責出現。這時，對方聽到別人對自己的期待，是這樣時的感覺是什麼？看法又是什麼？他將做何反應？如此一來，互動就愈來愈有意思，因為這樣的溝通是真正在影響彼此的關係，而且多半是正面的影響。

這就是一個歷程。你如何在這個過程中，由於知道自己做一件什麼樣的事情，而使你的溝通愈來愈清楚，不但表達清楚，而且明白自己內在的部分，知道自己真正想要傳達的是什麼，所以這是一個歷程，如果沒有走這個歷程的話，就很容易陷入互相揣測、批評的陷阱中。

　　如果因爲這樣的察覺，使自己知道自己現在在做什麼，然後再去找比這個品質更好、自己眞正想做的，再如實地把它傳達出來，我想人跟人之間的互動，就不必有這麼多的遊戲，也沒有這麼多的煙霧瀰漫。相反的，因爲「覺察」，往往負向情緒的底層，都有一份相當實在的渴望和期待。而內在這個柔軟的部分往往是正向的、善意的，如果不刻意去覺察，這些部分只會被掩蓋住，讓自己總是處在不愉快當中，而關係則是愈來愈找不到出路。

　　所以，試著覺察自己、表達自己眞正的內在感覺與想法，同時允許自己有個空間去核對，溝通的藝術才能傳達人際互動的眞心誠意。

角色

　　前面提到，大部分的人都在角色中生活、在角色中學習、在角色當中去發現自己的生存意義，可是今天如果把它放在溝通裡面來講，我們常常是站在角色上來溝通的，也因爲站在角色上溝通，而角色本身有期待、有規範在裡面，這個期待和規範，就會變成是我們自己在溝通時的一個安全感所在，也是一個限制所在。這就是說，每個人都知道自己「角色扮演」的腳本是什麼，規

則是什麼，因為明白彼此的期待，所以有安全感，不會無知或做錯，但是那也限制了角色的彈性與改變。

人在一個比較親近的關係裡面時間久了，會被固定的行為模式所限制。例如：常會發現，愈是親近的家人之間，你愈難表達內心深層的感受，原因是，因為家人間受到既有互動模式的限制或者規則的束縛，長久以來，那個限制為什麼會發生、為什麼那個模式會被固定，這也就是表示我們在那個角色的互動裡面，已經逐漸地形成了一些規範，也逐漸地形成了一些期待。

譬如，在結婚之初，雙方會說「我愛你」，經過五年、十年後就不說了，因為角色的互動中，情感上變複雜了，複雜本身可以是一個充實，所以那個「我愛你」的意思裡面，已經增加了好多東西，這原來是滿好的。但另外卻還有一個涵義是，關係變充實、變複雜之後，你不曉得要表達的是哪一個部分。因為這個複雜裡面有時並非全部是正向的，偶爾也會有點負向，而這麼多複雜的東西，想要把它表達清楚卻愈來愈難，於是在你心裡頭好像糾成一團，沒有語言可以傳遞。或者是，正向的部分變淡了，取而代之的都是負向的，而害怕表達。

其他的角色關係也是一樣，有時我們會說和某人很有默契，所謂的「默契」就是你知道我，我知道你，我們彼此心照不宣，所以拍個肩膀、使個眼色，好像就算

數了。於是，我們的角色行為，就隨著那個角色互動慢慢模塑出來，然後我們的溝通模式在這個角色裡面，也就慢慢地固定下來，而且有彼此共同墨守的規則。

因此，在角色裡面的溝通會被限制住，剛開始時是安全的，為什麼？因為你知道規則在哪裡，你知道什麼時候會踢到鐵板，你知道什麼時候可以暢行無阻，可是時間久了，這個規則一固定，相對於人的千變萬化，它就變成你僵化的部分。當這個規則一僵化，你想改過來便要花好大的力氣。

所以，人跟人之間在角色裡面，那個溝通模式若要改變，一方面要靠自己的意願去努力，有時也要藉助外力，讓有專業能力的人來協調、來幫助，那個規則才會慢慢的改變。事實上，那個規則的改變，來自於哪裡呢？常常是來自「覺察」與「溝通」的學習歷程。你可以把解釋、感覺找出來，同時分得清楚，最重要的是，走一個比較清楚而完整的溝通過程，將感覺流暢地表達出來。

就像前面提過的一個例子，那一對夫妻，連著好一段時間都去那家海鮮店，後來因為那個太太懷孕了，他們終於有個協議，就是希望能夠把孩子生下來，在這段時間，他們願意雙方都對他們的關係再多做一些努力，只是他們希望嘗試一個跟以前不一樣的方式。

　　這個方法是，他們開始學習怎樣溝通。剛開始練習時，先生非常抗拒，他說：「我已經跟我太太溝通快十年都沒有用，現在這樣溝通能有用嗎？」我說：「那我們就從最簡單的事情開始做，我想要知道這個週末如果你們倆再約會的話，你們準備怎麼辦？」兩個人就開始想，那個先生就問太太：「妳要幹什麼？」那個太太則說：「我不知道！」他說：「妳看！妳看！又來了！每次我問她要做什麼，她就說不知道。」而這個太太就跳腳說：「我是真的不知道嘛！你又不給我時間想！」我就問那個太太說：「妳需要花多少時間想呢？」她說：「其實我不是需要花時間想，我是需要他能夠跟我討論，我們這個週末，他想怎麼樣，我想怎麼樣，我們可以一起慢慢討論出來。」這是一個很不錯的管道，於是兩個人就開始商量。

　　起先這個先生非常不耐煩，可是他們開始討論時，這個先生就發現，他其實也不太知道，他要怎麼樣跟他太太度過一個週末的晚上，所以他腦袋出現的就是，他們當初談戀愛時，怎麼約會的景象。

　　於是他就開始回憶以前曾經去過的地方。後來我就問他：「你除了這些之外，沒有其他的資訊嗎？」他這才發現，他也被自己過去的經驗綁住了。我又問這個太太：「妳願意去以前的老地方嗎？」太太的意思是，要

去以前的老地方可以，只是她心裡面會有點不太舒服，原因是到以前的老地方，她會想起他們以前的感受，可是一路走下來，居然變成一對怨偶，她心裡一時之間，實在沒有辦法接受，所以她希望是不是可以從新的地方開始。

但這個先生卻開始發火了，他說：「這也不要，那也不要，我們公司的事情就是這樣，每次有什麼事，她都叫我要問她，可是我問她，她就這樣也不好，那樣也不好，要她做決定她也不做決定，妳教我怎麼做事情？」他抱怨又出來了！這個先生有很多的生氣、憤怒在心裡面。

後來我就跟那個先生講：「你們公司的事情先暫時放到一邊，焦點放在這個週末，這個週末晚上你們準備怎麼過？我想如果這件事情你們都沒有辦法協商的話，以後你們公司這麼大的事情，你們就更沒有辦法溝通了。」

他太太就問他一句話：「你最近有沒有去過一些平常我們沒有去過的地方？」這個先生又跳起來：「你的意思是說我跟其他的女人去是不是？」這對夫妻就是常在這樣的圈子裡面轉，先生好像是個驚弓之鳥，那個太太只要說一句話，他馬上有很多的聯想出來。所以，我曾經問他：「你這些聯想是從哪裡來的？」他說：「就

是從我跟我太太的經驗裡學來的，所以我真的不知道該怎麼辦？」我就問那個太太，我說：「妳真的有這些想法嗎？」那個太太說：「我現在沒有！」她很清楚的說：「我現在沒有，我現在真的只是一心要找一個我們不曾去過的地方，我們不曾兩個人一起去過的地方。」

　　我就告訴她，其實人在溝通時，只能夠為自己，而沒有辦法為別人負責任，所以妳說出來的話，妳認為妳真的是這樣，就是這樣。她做了一次確認之後，他們就繼續找，最後終於找到了一個約會的地點。

　　第二個禮拜，我們再見面時，這個太太跟我說，那天週末的約會，兩個人平安無事，所謂的平安無事，就是沒有爭執發生。我說：「這裡面，誰盡了力？」結果這個先生說了一句他太太認為很公正的話：「那天晚上我太太沒有作怪，她說什麼就是什麼，而且很明確地說她要什麼。」他們到一家西餐廳，點菜時，這個太太也沒有要求先生幫她做決定，是她自己做了決定，這個先生就不必去承擔替太太做決定的後果，於是這個先生就覺得那個晚上很好過。

　　後來，我就問那個太太：「妳是怎麼做到的？」她說：「我發現了一件很重要的事情，過去我總認為女人要依附男人，所以今天男人來幫我做決定是對的，因此我以為他理所當然的要幫我做決定，可是他的決定必須

要符合我的期待。但這個地方就出現矛盾了，我又要他
幫我做決定，又要符合我的期待，我如果沒有告訴他我
的期待，他怎樣來幫我做決定？所以我就想，我要決定
自己吃什麼，決定自己要做什麼。」因為她記得前次我
跟她講的話：「一個人說了什麼話，就要為他自己的話
負責任。」所以她就覺得：「讓先生來替我所說的話負
責任這件事情，好像是行不通的，所以我決定要為我自
己做決定。」

　　由此可知，她的語言開始具體，而且那個禮拜兩個
人爭執的次數開始下降，太太開始很明確地告訴她先
生，我想要做什麼、我心裡怎麼想、我的判斷是什麼。

　　他們花了大概二、三個月的時間在走這樣的路，每
個人說出來的想法是什麼，然後才慢慢接著去說他的感
覺是什麼。在這個歷程裡面，你可以看到，那個太太的
扭轉點是，她發現了她的操弄，於是她在解釋訊息時的
一個規則改變了，她開始可以跟她先生做一個比較對等
式的溝通。

　　所以，我們在「角色」裡面其實有很多的陷阱在
裡面：父母跟子女的、主管跟部屬的、先生跟太太
的……，透過「角色」的互動，可以發現溝通時掉到什
麼樣的陷阱裡面去，然後藉由「冰山」的探索，使得自
己更清澈，「溝通」功效更好，角色互動就會有意義，

這是一個循環的學習過程。因此,角色等於是個媒介,你透過這個角色來學習自己是怎麼回事,當你發現之後,你又帶回你的角色裡面去。這是一連串的學習,而真正得到增長的,也是你自己這個人。

從心出發，自在溝通

　　多年來，楊蓓教授一直參與洪建全基金會的社會教育推廣活動，兼任溝通成長與人際關係的相關課程講師，深受學員愛戴，口碑甚佳。

　　兩年前，基於好奇，我隨堂參加她的「溝通與人際互動」課程，果然名不虛傳，受益良多。在整體課程上，楊教授比較注重體驗性的互動教學，同時穿插學理與實例的剖析，在輕柔音樂的陪襯下，提供學員們許多感受與省思的空間。她那標準國語的口音，娓娓道來，令人如沐春風。每當解惑時間，答詢的語氣總是平易近人，使學員在沒有壓力下，學習效果益形豐碩。她也常視課堂的情境與學員的接納狀況，做現場演練示範，在一問一答的對話情節與氣氛中，大家更容易感同身受，有時候甚至全場寂然，無聲勝有聲；而在情緒疏導的處理上，一切都是那麼自然而自在。

　　像這樣臨場感十足的動態學習，其實是不易從書本

的認知上獲得的。但，每梯次結束後，意見調查表的建議欄上，總是出現許多期望出書的聲音，盼藉此能溫故知新，掌握溝通的全貌，裨益學以致用。本會鑑於推廣教育的職旨，我們決定大力促成；而楊老師平日雖忙於教學研究工作，也相當重視家庭生活，但仍勉爲其難，慨允出書，此即本書出版的緣起。

個人過去在企業界服務二十多年，從事經營管理的工作，對有關人際溝通的書籍，亦有所涉獵；然而，以往的經歷與作法，多著重在溝通的理性思考及其策略技術的學習，偏向自己與他人、眾人之間的關係，較少深入觸及自己與自己之間的層次；而這些年來，深感這部分正是人際溝通的原點所在。

多年的企業道途，對於工作目標的達成與工作效能、效率的提昇雖不無助益，但一路行來，不只是溝通的對象辛苦，自己也倍感辛勞。究其根由，仍出在溝通互動的基礎上，沒有「以內爲本」及「由內而外」。而《自在溝通》這本書的特色之一，即是：由「內」而外，從「心」出發，有系統地鋪陳，循序漸進，環環相扣，善導心門的敞開，並以人性的真心誠意照拂全書。它不僅是人際溝通的實用好書，亦是落實心靈提昇的有效導引書籍。

「覺察與溝通是互爲表裡的，當你的覺察做得好的

時候，你會發現你的溝通進步了。」本書一再點出「覺察歷程」的重要性與必要性，「覺察」可以說是本書的核心動力，藉由適當管道的修持與活用，能夠增長我們的EQ，開啓我們的CQ，所謂真心誠意或真誠純樸才易於顯現。進而言之，它是承先啓後的催化劑，貫穿全書，並互動交織，構成一套完整的溝通學習系統。

　　人們透過「覺察」的歷程，可以開展學習、調適、成長，以創造有意義的人生；我想這是作者的重大提醒與貢獻。我們若能由「己」開始，從「心」出發，落實踐行於家庭、職場、社群之中，溝通將可漸趨舒坦自在、祥和如意。

林哲生

一九九七年三月一日於亭人齋
（本文作者為洪建全文教基金會前任執行長，
現任常務董事）

後　記

　　一九九七年初版至今已超過十二個年頭了，再次出版，全書內容沒有任何變動，是一種疏懶，也是一種想留住什麼的浪漫。幾度拿起原稿想做些修改，畢竟十幾年的變遷中，有些想法變了，有些視框也變了，有些當年認為重要的，現在已淡然，不過，更重要的，書中的人，或長大了，或逝去了，書中的故事，也有了後續的發展。在時空交錯中回首，原書彷彿只是當初的一個凝神，卻在心裡留下不可抹滅的位置。

　　那一年，由美返台，下飛機時，先生為我準備了門號和手機，從此正式進入電子時代，儘管心中有諸多的抗拒；那一年，大女兒開始學習中國笛和跆拳道，小女兒則學古箏，想是在環境的刺激下，為了在洋人面前長養一些華人的自信。

　　那一年，隨著聖嚴師父，在象岡打了此生中第一個禪七。初嘗禪味，從此，看世界的眼光開始由西方科學

理性挪移至東方智慧,點點滴滴地琢磨自心的變化,捕捉著東方人的改變歷程。

　　那一年,聖嚴師父在法務繁忙中慨允為此書寫序,令當時尚在美國的我驚喜不已。今年,是他老人家圓寂的第二年,此書再版,心中百感交集,仍然不能言語,只有無限的思念。

　　時間,未曾稍作停留,只能在心裡留個位置,存放。寫到這兒,才知道禪者面對生命流轉的氣魄與灑脫是何等的不易。感謝果賢法師不離不棄的敦促和法鼓文化諸多朋友的耐心和包容,感謝您們讓我在心裡放一九九七。

楊蓓

二〇一〇年九月十七日寫於旅途中

附錄

《自在溝通》相關圖表及索引

《自在溝通》彙總圖

（本書綱要彙總）

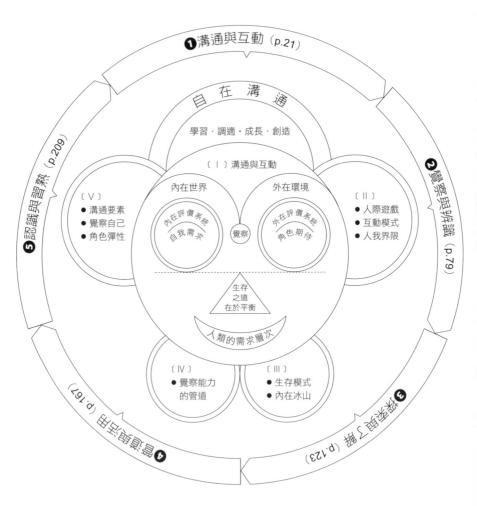

（註）：本圖之項次，係摘自書中之理趣，作整合性之勾勒，並以臉譜為圖案，彙總象徵自
　　　在圓融，連同下列諸圖表，或有助於參考與索引之用。

〔0〕《自在溝通》五大結構圖

〔1〕「溝通與互動」附表

（1-1）「溝通與互動」的概念

● 溝通與互動：無所不在、持續不斷，以內為本、由內而外。 (p.24 / 27)
● 溝通與互動：可磨塑自己的「人際關係」。 (p.26)

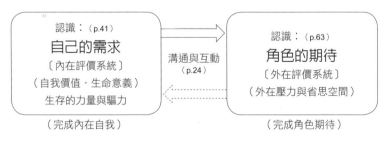

（1-2）「生存之道」在於「平衡」

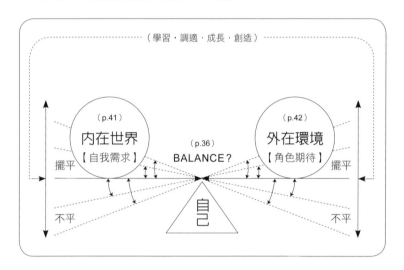

（1-3）人類內在需求層次 (p.59~63)

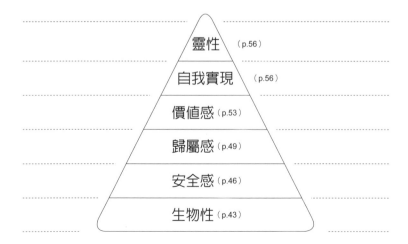

〔2〕「覺察與辨識」附表

（2-1）人際互動的遊戲現象與顯現狀況： (p.80)

在人際互動中，是否覺察到你有否下列遊戲（互動）現象？
其顯現的狀況又如何？

顯現狀況（✓）／遊戲現象	沒有	偶有 ←――――→ 常有				
	0	1	2	3	4	5
● 投射 ----------------- (p.81)						
● 控制 ----------------- (p.88)						
● 自我評斷與打擊 ---- (p.94)						
● 神經質的需求 ------- (p.98)						
● 自以為是 ----------- (p.104)						
● 受害者心態 -------- (p.108)						

（2-2）自我覺察及摘要：

● 自己的人際「互動模式」： (p.110)

● 自己與他人的「心理界限」： (p.116)

---

〔3〕「探索與了解」附表

（3-1）人的「生存模式」（壓力的因應型態）：(p.127)

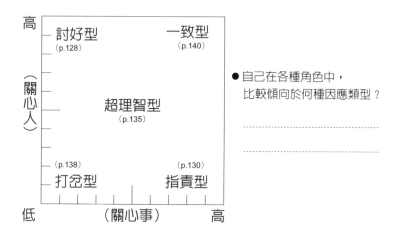

● 自己在各種角色中，
比較傾向於何種因應類型？

（3-2）人的「內在冰山」：(p.124)

行
為

（表）：外顯因應行為

（裡）：內在狀態

● 感覺 (p.141)

● 對感覺的感受 (p.147)

● 規則或觀點（信念、價值觀、假設、規範）(p.149)

● 期待（對自己、對別人、別人對自己）(p.153)

● 渴望（最深層的心理需求）(p.158)

自我價值 (p.160)

----

〔4〕「管道與活用」附表

(4-1) 覺察能力的管道：活用下列管道，可以增長你的「覺察」能力。 (p.168)

管　道	要　點
● 放鬆 ----------- (p.181)	
● 速度 ----------- (p.189)	
● 專注 ----------- (p.191)	
● 空間 ----------- (p.196)	
● 發現 ----------- (p.200)	
● 好奇與了解 ---- (p.204)	

(4-2) 人通常有三個層面： (p.204)

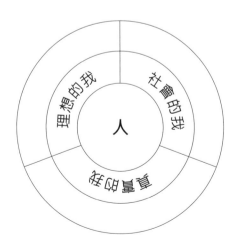

〔5〕「認識與習熟」附表

（5-1）溝通互動的要素

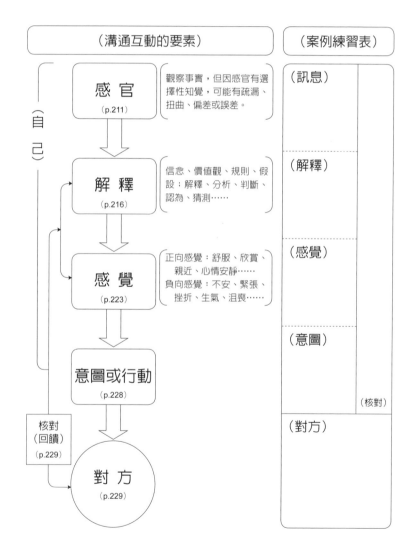

（5-2）溝通互動「案例練習表」

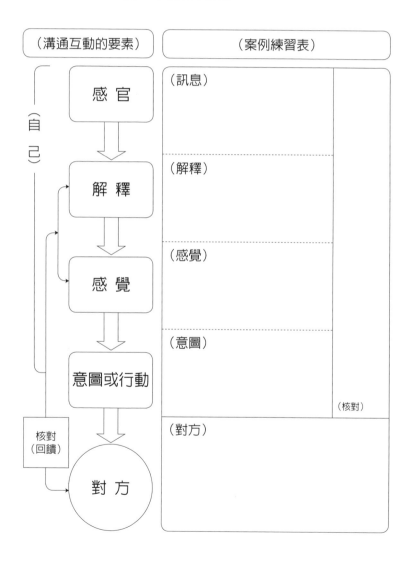

國家圖書館出版品預行編目資料

自在溝通：人我互動，從心出發 / 楊蓓著. --
初版. -- 臺北市：法鼓文化，2010.12
　　面；　公分

ISBN 978-957-598-542-4（平裝）

1.溝通　2.溝通技巧　3.人際關係

177.1　　　　　　　　　　　　99021539

自在溝通——人我互動，從心出發

著者	楊蓓
出版	法鼓文化
總監	釋果賢
總編輯	陳重光
編輯	李金瑛
封面設計	化外設計有限公司
版型設計	連紫吟、曹任華
內頁美編	連紫吟、曹任華
地址	臺北市北投區公館路186號5樓
電話	(02)2893-4646
傳真	(02)2896-0731
網址	http://www.ddc.com.tw
E-mail	market@ddc.com.tw
讀者服務專線	(02)2896-1600
初版一刷	2010年12月
初版八刷	2020年3月
建議售價	新臺幣220元
郵撥帳號	50013371
戶名	財團法人法鼓山文教基金會—法鼓文化
北美經銷處	紐約東初禪寺
	Chan Meditation Center (New York, USA)
	Tel: (718)592-6593
	Fax: (718)592-0717

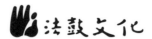